Introdução à Economia

O GEN | Grupo Editorial Nacional, a maior plataforma editorial no segmento CTP (científico, técnico e profissional), publica nas áreas de saúde, ciências exatas, jurídicas, sociais aplicadas, humanas e de concursos, além de prover serviços direcionados a educação, capacitação médica continuada e preparação para concursos. Conheça nosso catálogo, composto por mais de cinco mil obras e três mil e-books, em www.grupogen.com.br.

As editoras que integram o GEN, respeitadas no mercado editorial, construíram catálogos inigualáveis, com obras decisivas na formação acadêmica e no aperfeiçoamento de várias gerações de profissionais e de estudantes de Administração, Direito, Engenharia, Enfermagem, Fisioterapia, Medicina, Odontologia, Educação Física e muitas outras ciências, tendo se tornado sinônimo de seriedade e respeito.

Nossa missão é prover o melhor conteúdo científico e distribuí-lo de maneira flexível e conveniente, a preços justos, gerando benefícios e servindo a autores, docentes, livreiros, funcionários, colaboradores e acionistas.

Nosso comportamento ético incondicional e nossa responsabilidade social e ambiental são reforçados pela natureza educacional de nossa atividade, sem comprometer o crescimento contínuo e a rentabilidade do grupo.

Antonio Barros de Castro • Carlos Francisco Lessa

Introdução à Economia

Uma abordagem estruturalista

38ª edição

■ A EDITORA FORENSE se responsabiliza pelos vícios do produto no que concerne à sua edição, aí compreendidas a impressão e a apresentação, a fim de possibilitar ao consumidor bem manuseá-lo e lê-lo. Os vícios relacionados à atualização da obra, aos conceitos doutrinários, às concepções ideológicas e referências indevidas são de responsabilidade do autor e/ou atualizador.
As reclamações devem ser feitas até noventa dias a partir da compra e venda com nota fiscal (interpretação do art. 26 da Lei n. 8.078, de 11.09.1990).

■ **INTRODUÇÃO À ECONOMIA - Uma abordagem estruturalista**
ISBN 978-85-218-0492-5
Direitos exclusivos para o Brasil na língua portuguesa
Copyright © 2011 by
FORENSE UNIVERSITÁRIA um selo da EDITORA FORENSE LTDA.
Uma editora integrante do GEN | Grupo Editorial Nacional
Travessa do Ouvidor, 11 – 6° andar – 20040-040 – Rio de Janeiro – RJ
Tel.: SAC: (11) 5080-0751 | faleconosco@grupogen.com.br
bilacpinto@grupogen.com.br | www.grupogen.com.br

■ O titular cuja obra seja fraudulentamente reproduzida, divulgada ou de qualquer forma utilizada poderá requerer a apreensão dos exemplares reproduzidos ou a suspensão da divulgação, sem prejuízo da indenização cabível (art. 102 da Lei n. 9.610, de 19.02.1998). Quem vender, expuser à venda, ocultar, adquirir, distribuir, tiver em depósito ou utilizar obra ou fonograma reproduzidos com fraude, com a finalidade de vender, obter ganho, vantagem, proveito, lucro direto ou indireto, para si ou para outrem, será solidariamente responsável com o contrafator, nos termos dos artigos precedentes, respondendo como contrafatores o importador e o distribuidor em caso de reprodução no exterior (art. 104 da Lei n. 9.610/98).

38ª edição / 4ª impressão brasileira – 2016
Antônio Barros de Castro e Carlos Francisco Lessa

■ CIP-Brasil. Catalogação-na-fonte
Sindicato Nacional dos Editores de Livros, RJ.

C35i   Castro, Antônio Barros de
38.ed.   Introdução à economia: (uma abordagem estruturalista)/Antônio Barros de Castro, Carlos Francisco Lessa. – 38. ed. – Rio de Janeiro: Forense Universitária, 2016.

ISBN 978-85-218-0492-5

1. Economia. I. Lessa, Carlos Francisco. II. Título.

10-6117   CDD 330
                                                                   CDU 330

A GERSON AUGUSTO DA SILVA
Um tributo à sua modéstia, independência e criatividade.

NOTA DO EDITOR

Esta edição guarda estreita fidelidade ao texto original dos autores, havendo, apenas, passado por revisão de acordo com a nova ortografia.

ÍNDICE SISTEMÁTICO

Prefácio XI

Nota de Agradecimento XIX

Capítulo I – O Sistema Econômico......................... 1

Capítulo II – O Sistema Econômico 13
   A produção 13
   O destino dos fluxos 21

Capítulo III – A Circulação no Sistema Econômico.............. 28
   Introdução: esquema circulatório 28
   Condicionamento dos mercados 31
   Mercados e preços.................................... 36

Capítulo IV – Relações com o Exterior...................... 45
   O significado das relações econômicas externas,
     suas modalidades 45
   As relações externas e o funcionamento das economias......... 53
   Noções sobre o balanço de pagamentos 61

Capítulo V – O Setor Público 66
   O setor público como produtor de bens e serviços 73
   O financiamento das atividades públicas 78

Capítulo VI – O Sistema Monetário-financeiro 89
   As funções da moeda – suas origens...................... 89
   Significado e uso do crédito 92
   O sistema em operação – a necessidade de recursos monetários .. 94
   Bancos comerciais.................................... 98
   Banco Central 102
   Intermediários financeiros.............................. 105

Capítulo VII – A Unidade Produtora no Sistema Econômico...... 108
  Elementos de sustentação da unidade produtora.............. 111
  A unidade em funcionamento – a inserção da empresa no
    aparelho produtivo 115

Capítulo VIII – A Repartição do Produto no Sistema Econômico ... 124
  Repartição funcional 126
  Distribuição pessoal..................................... 134
  A repartição do produto real 144

PREFÁCIO

Este livro nasceu em resposta a uma necessidade concreta: fornecer aos alunos dos Cursos Intensivos, organizados pelo Centro CEPAL/BNDE, um texto de introdução à economia que lhes servisse para uniformizar perspectivas e aproveitar os conhecimentos mais especializados, apresentados nas fases mais avançadas do currículo.[1]

Inicialmente, comprovou-se a impropriedade, para tal finalidade, do emprego dos textos estrangeiros (ou versões sintetizadas dos mesmos) que habitualmente circulam nas escolas de economia da América Latina e do Brasil. Sem diminuir de modo algum o valor acadêmico desses textos – muito alto, em alguns casos –, verificou-se que seu enfoque não se prestava aos propósitos básicos da cadeira, que visava a familiarizar os alunos com a estrutura e o funcionamento do sistema econômico, de modo a "colocá-los" no âmbito da problemática que deveriam enfrentar, com as técnicas e conhecimentos que se tentava difundir.

Tomou-se, pois, a determinação de redigir um texto *ad hoc*. A ideia foi tomando corpo mediante um ativo diálogo mantido nos diversos cursos ministrados de um extremo a outro do Brasil, apoiando-se nas reações, dúvidas e sugestões dos próprios alunos. Os autores e principalmente o amigo Antonio Castro foram, em geral, os professores da matéria, experimentando na própria carne o confronto com a realidade, até chegarem à atual formulação, que foi considerada adequada – ainda que *de maneira alguma perfeita ou definitiva*.

---

1. Os cursos são destinados a profissionais de diversas formações: economistas, engenheiros, agrônomos, advogados etc., vinculados a órgãos de desenvolvimento. Além das cadeiras de formação geral (matemática-estatística, introdução à economia, desenvolvimento econômico), sobressaem as seguintes matérias básicas: contabilidade social, técnicas de programação e preparação e avaliação de projetos.

Entretanto, a finalidade original e restrita do texto havia progressivamente se ampliado. Com alguma surpresa e, por que não dizer, satisfação dos comprometidos com a iniciativa, verificou-se que o trabalho suscitava crescente interesse nos círculos mais amplos e variados, além daqueles aos quais havia sido destinado, principalmente nas faculdades, quer as de economia, quer em outras em que a matéria é complementar, ou ainda entre profissionais e mesmo diletantes, sempre em busca de uma compreensão da "questão econômica" que a todos preocupa e, em geral, frustrados por encontrarem poucas luzes na profusa literatura importada ao seu alcance. Cresceu assim uma intensa demanda em diversos pontos do Brasil pelo texto mimeografado – o qual é agora apresentado em sua versão última e colocado à disposição do público em geral. Como se vê, as "forças de mercado" têm, amiúde, uma grata racionalidade...

A origem e o desenvolvimento deste trabalho – fora sua motivação ou funcionalidade específicas, já mencionadas anteriormente – basearam-se em algumas orientações primordiais que lhe deram originalidade e personalidade científica e intelectual. Não ofendo a modéstia particular dos autores ao chamar a atenção para tal fato, pois eles seriam os primeiros a destacar que essas diretrizes são patrimônio comum de uma geração e uma "escola" de economistas latino-americanos – da qual tornaram-se eles dignos e fecundos porta-vozes por meio deste texto.

A primeira e principal diretriz deste trabalho é partir da concepção de um *sistema* econômico, isto é, de um conjunto de fenômenos inter-relacionados, que deve ser apreciado em sua totalidade se se deseja entender quaisquer de suas partes. Em resumo, trata-se do ponto de partida de um enfoque estrutural.

Nesta definição, aparentemente tão "neutra" e elementar, esconde-se uma separação e até um repúdio pelo que, em contrapartida, poder-se-ia chamar a visão "atomística", ainda tão em voga. Neste último enfoque, parte-se de microentidades (o "consumidor"; a "empresa"), para reuni-las depois homogeneizando "bananas e laranjas" num mercado de natureza quase mítica, sob presunções comprovadamente irreais (em qualquer nível de abstração) de "livre coerência" ou obscuramente diagnosticadas como de "concorrência imperfeita". Sob o ponto de vista deste livro, como poder-se-á com-

XII

provar, tais categorias ou elementos convencionais também têm lugar – como não poderia deixar de ser –, mas somente após ter-se estabelecido o marco ou "esqueleto" geral e colocado claramente os fatores e relações que condicionam objetivamente sua realidade e seu comportamento.

Esta perspectiva estrutural da economia associa-se com a noção, não menos substantiva, de que o sistema produtivo-distributivo está inserido no contexto mais amplo da realidade social-global e esta, assim como todos os seus componentes, encontra-se configurada histórica e espacialmente.

Aqui, convém determo-nos um momento em relação a esses pontos para examinar alguns mal-entendidos ou aspectos controvertidos.

Poucos termos têm sido mais usados nos últimos tempos quanto "estrutural". Entretanto, é claro que existem grandes diferenças no significado atribuído por diversas pessoas ou grupos a esse conceito.

Se partirmos do termo "estrutura" notaremos, em primeiro lugar, que se trata de uma expressão transferida das ciências naturais para as ciências sociais. Ambas têm uma acepção básica comum, que pode ser encontrada em qualquer bom dicionário. Por exemplo, o da Real Academia indica que estrutura é a "distribuição e ordem das partes de um edifício. Distribuição das partes do corpo ou de outra coisa. Distribuição e ordem em que está composta uma obra de espírito: como poema, história etc.".

O economista francês Perroux (pai de uma escola que se caracterizou pela pesquisa destas questões) definiu o conceito como "as proporções e relações que caracterizam um conjunto econômico localizado no tempo e no espaço".[2]

Como se pode notar, nesta acepção de estrutura o que se quer distinguir em especial é a ordem e integração das partes de um corpo ou de um sistema. Isto é, nota André Marchal, "frente à heterogeneidade das unidades que formam um conjunto, a ideia de interdependência, da integração desses elementos."[3] Vale a pena notar que, por

---

2. André Marchal, *Systèmes et structures économiques.*
3. *Id.*

este ângulo, a visão marxista da sociedade seria, talvez, a primeira explicitamente "estrutural".

À parte dessa acepção, e completando-a, de certo modo, está outra cuja essência é a distinção entre os elementos de natureza mais ou menos duradoura e outros de caráter circunstancial ou transitório. Neste sentido a estrutura ou, melhor dizendo, os fatores estruturais seriam aqueles que, nas palavras de Marchal, "no transcurso de um período determinado se apresentam como relativamente estáveis em comparação com outros". O economista alemão Wagueman (bem conhecido no Chile), um dos pioneiros nesses estudos, distingue estrutura, que representaria aquilo que é mais permanente, e conjuntura, aquilo que se transforma.

Como se sabe, na América Latina têm sido desenvolvidas análises, frequentemente referidas como "estruturalistas", que se apresentam muito relacionadas com os critérios e pontos de vista anteriormente mencionados mas que, sem dúvida, também apresentam alguns contrastes. O que distingue, talvez, melhor o enfoque latino-americano é ter tendido a considerar como "fatores estruturais" aqueles que no quadro da economia global apresentam uma significação primordial. Para ir a terreno mais concreto, digamos que se identificam esses fatores e elementos com as características típicas das economias latino-americanas, aquelas que configuram sua condição ou estágio de subdesenvolvimento.

Uma outra questão que cabe aqui levantar refere-se ao erro em que incorrem muitos economistas "acadêmicos" (sobretudo nos países subdesenvolvidos) ao abordar sua área fenomenológica como um "compartimento estanque". Desse modo, o "quefazer" econômico se desenvolve numa espécie de vazio social e o "fetichismo" das relações "entre coisas" obscurece as relações subjacentes "entre pessoas", estabelecidas em contextos mais amplos.

Assim, ainda que as atividades e nexos econômicos tenham sua identidade própria – e daí a existência da economia como disciplina independente –, é igualmente certo que o processo de "ganhar a vida" encontra-se indissoluvelmente unido e integrado com outras manifestações da existência e consciência social. Visto por esse ângulo, como demonstra Myrdal, não há fatos ou fatores "econômicos" e "extraeconômicos", sendo fenômenos mais ou menos significativos para a análise de qualquer sistema social dado. Em outras palavras, a separação do "econômico" pode, no máximo, significar uma etapa metodológica, uma aproximação preliminar, uma redução "inicial", que requer a imediata vinculação com outros elementos condicionantes – a colocação da análise em enquadramentos cada vez mais amplos. Estas relações, cada vez mais evidentes, são as que levam à "chamada" comunicação interdisciplinar, que, em sua versão "desenvolvida", traduz-se em equipes multiespecializadas e, em nossos países, na inevitável "intromissão" em campos alheios, porém pertinentes. Os sociólogos se interessam cada vez mais pela economia; os economistas, pela sociologia; e assim por diante. Os "compartimentos estanques", em resumo, já não existem; são uma reminiscência. Trata-se de outro ciclo que se vai fechando: da especialização extrema e necessária ao retorno obrigatório às inter-relações entre todas as disciplinas sociais – e todas as ciências, "a Aristóteles". Mas esta última fase, evidentemente, encontra-se apenas no início.

Finalmente, caberia dizer algo sobre o caráter histórico e sobre o condicionamento "espacial" (aspectos que, até certo ponto, se entrelaçam e que abordaremos conjuntamente) da ciência e dos sistemas econômicos.

Por vezes, inclusive com mordacidade ou por meio de malabarismos intelectuais, tem-se tentado confundir esse problema com a pretensa busca de uma ciência econômica "regional" ou "nacional". Um importante professor de Harvard, também diplomata, colocou enfaticamente seu repúdio a tal tendência: "As diversas formas de arte, literatura e filosofa latino-americanas devem ser bem-vindas, mas não deve mais haver uma 'ciência econômica latino-americana', assim como também não deve haver uma física ou matemática latino-americanas".[4]

Em verdade, quem estabelece as coisas desse modo esquece-se de algumas das diferenças mais elementares entre as ciências sociais e as naturais.

---

4. L. Gordon, citação extraída de *Latin American issues*, de A. Hirschman, e que poderia ser confrontada com uma conhecida frase de Engels: "Quem quer que reduza à mesma lei a economia política da Terra do Fogo e da Inglaterra moderna não pode produzir outra coisa senão os mais vulgares lugares-comuns".

A principal, não resta dúvida, reside no caráter *histórico* dos fenômenos que servem de "matéria-prima" às abstrações das ciências sociais, isto é, o fato de que esses fenômenos se modificam com o tempo. Nas outras ciências, ao contrário, como diz o professor Bernal,[5] "o progresso pode se dar por aproximações cada vez maiores do conhecimento de um sistema natural ou repetitivo, como nas ciências físicas, ou em um sistema, como a evolução orgânica, no qual a mudança é tão lenta que se torna difícil registrá-la".

Naturalmente, alguns fenômenos econômicos (assim como outros sociais) têm uma relativa constância ou, se se quiser, possuem algumas características "atemporais" e "aespaciais". Assim, num alto nível de abstração pode-se verificar que todo grupo ou indivíduo tem necessidade e deve decidir sobre os recursos a serem usados para sua satisfação; que estes poderão ser escolhidos de diversos modos, demonstrando preferência por alguns fins e o sacrifício de outros...

Entretanto, assim que se confrontem as abstrações mais gerais com uma realidade histórica determinada a fim de compreendê-la ou modificá-la, será indispensável incorporar elementos substanciais e relativamente específicos à mesma. O camponês indígena do Altiplano latino-americano talvez enfrente o mesmo "problema econômico" – em altíssimo nível de abstração – que o cidadão novaiorquino de hoje, mas o que mais importa são, precisamente, as diferenças e particularidades do assunto em cada caso. Ao nos aproximarmos, por exemplo, da compreensão da realidade em que se baseia o primeiro caso, estaremos formulando uma e, em certo grau, "outra" teoria que não implicará a negação absoluta das abstrações mais gerais, mas, sim, impor-lhes-á "baixar à terra", enriquecendo-as e especificando-as.

Em resumo, a validade "atemporal" e "aespacial" das proposições fundamentais da teoria econômica está em relação direta com seu nível de abstração. Uma maior generalidade e aplicabilidade correspondem a um nível mais alto de abstração, mas, por sua vez, quanto mais abstratas forem as formulações, menor será seu valor explicativo e sua validade operacional ante uma situação concreta.

---

5. J. D. Bernal, *Science in history*. Grã-Bretanha, Ed. Watts.

As questões aqui apresentadas, na realidade, constituem outras dentre as orientações do texto apresentado. Ainda que não sejam desenvolvidas nem explicadas em toda a sua extensão, dadas as proporções do trabalho, será fácil perceber sua preocupação em lembrar o quadro mais geral no qual estão colocados os fatores econômicos, assim como sua relação com a problemática e circunstâncias dos países subdesenvolvidos, sobretudo os da América Latina. Por isso mesmo, o esforço realizado será de grande interesse para os estudiosos da região e de outras áreas afins – e não somente para os do Brasil.

* * *

Adicionaremos agora algumas observações sobre o esquema do livro.

O trabalho tem uma parte que poderíamos considerar geral e introdutória, na qual se procura transmitir uma imagem do sistema econômico, suas peças e inter-relações fundamentais. Assim, os fatores produtivos, os setores, os fluxos de renda e produto e o mercado final são aí apresentados. Alguns desses objetos de análise são, a seguir, detidamente examinados, destacando-se a relevante questão da interdependência setorial e a problemática da geração e destino final da renda e do caudal de bens e serviços dirigidos ao mercado.

Um dos capítulos que mais chama a atenção neste trabalho é o que trata de circulação, em que é apresentado um modelo circular para os fluxos real e nominal. Aí se encontra uma visão de cunho eminentemente estruturalista dos fenômenos circulatórios, que tanto haviam despertado a atenção de Quesnay e Marx, e que modernamente vieram à tona com os estudos de Leontief e com desdobramentos vários, recentemente verificados no terreno da contabilidade social.

Na parte referente às relações com o exterior, bem como no capítulo dedicado ao setor público, além de mantidas algumas linhas mestras do trabalho, ganha especial realce a preocupação com os aspectos peculiares ao subdesenvolvimento. Assim, no referente a ambos os temas – que, aliás, diferenciam tanto histórica quanto estruturalmente as economias industrializadas das demais –, são explicitados e realçados alguns dos mais significativos aspectos inerentes às nossas economias.

O tratamento levado a efeito com relação à empresa é outro aspecto em que o emprego de uma abordagem globalista evidencia sua potencialidade – e sugere a necessidade de novos esforços num campo saturado de análises tão especializadas quanto restritivas que, sistematicamente, ignoram o fato de que a unidade produtora não é mais que uma célula de um organismo complexo e em permanente evolução.

O trabalho chega ao término com uma apresentação sumária do sistema monetário-financeiro, ao qual se segue uma tentativa de tratamento estrutural da problemática repartitiva. É então ensaiada uma abordagem que procura relacionar aspectos da repartição funcional e pessoal da renda e, ainda, a apropriação final do produto, com características estruturais do sistema. Trata-se de um esforço realizado sobre um terreno complexo, que de forma evidente está, na atualidade, a exigir novos e sistemáticos trabalhos que permitam, enfim, uma efetiva compreensão da massa de informações que vem sendo acumulada neste campo de cardinal importância para a temática do desenvolvimento.

ANÍBAL PINTO

NOTA DE AGRADECIMENTO

Como assinala o prefácio do prof. Aníbal Pinto, este livro nasceu de um esforço no sentido de suprir os cursos do Centro de Desenvolvimento Cepal-BNDE de uma introdução que permitisse aos alunos um primeiro contato com a problemática econômica. Restaria acrescentar que o grande entusiasta, aquele que não só forneceu condições como permanentemente incentivou o prosseguimento deste trabalho, foi o próprio Aníbal Pinto, ao qual se deve, pois, a existência desta obra.

Na realidade, não apenas o antigo diretor do Centro Cepal-BNDE deve ser aqui mencionado. Toda a equipe do Centro colaborou neste trabalho, criticando-o, propondo alterações, testando-o em diversos cursos etc. Assim, não cabe individualizar os agradecimentos – eles são devidos a todos os companheiros daquela instituição.

Em um caso apenas há de se especificar a colaboração recebida: trata-se de nossa amiga Maria da Conceição Tavares, que, sem dúvida, contribuiu enormemente ao longo dos quatro anos em que essa obra se desenvolveu. Continuamente nos oferecia ela críticas e sugestões, e se algum rigor o trabalho apresenta, deve-se, em grande medida, ao seu aguçado espírito crítico e ao seu incansável desejo de cooperar.

Tampouco poderíamos deixar de ressaltar a importância, como sugestão inicial, do trabalho de Oswaldo Sunkel, "Introducción al análisis económico"; nele se insinuavam os traços fundamentais da metodologia que iríamos explorar.

ANTONIO CASTRO
CARLOS LESSA

Este curso teve numerosas e sucessivas versões. Conjuntamente com o amigo Castro, montamos suas primeiras apresentações. Infelizmente, devido à minha ausência do Brasil no biênio 1965-1966, não pude colaborar como desejei para sua versão atual. Antonio dedicou parte substancial de seu tempo durante esses dois anos para conduzir aquele modesto embrião à elaborada versão que ora divulgamos.

CARLOS LESSA

Capítulo I
O SISTEMA ECONÔMICO

As sociedades evoluídas repousam sobre uma diversificada base econômica que, acionada pelo trabalho humano, engendra uma série de bens cuja destinação última é o consumo de seus membros. Os variados elementos que participam da vida econômica de uma nação, assim como suas conexões e dependências, somam-se num todo denominado sistema econômico, cuja apresentação gradativa é o objeto das páginas que se seguem.

A análise da constituição de um sistema econômico tem início pelo levantamento de seus elementos fundamentais.

– Primeiramente, claro, destacam-se os homens que explicam a existência, animam e conduzem o sistema. Presentes no sistema, por meio de sua capacidade de trabalho, são eles os organizadores e executores da produção.[1]

Numa primeira abordagem, estritamente quantitativa, podem ser divisados no seio de uma população os setores "produtivo" e "dependente". Com esta sumária classificação ficam caracterizados, respectivamente, o contingente de população em idade de trabalhar (em regra delimitado pelas idades de 14 a 60 anos) e a fração da população que ainda não ingressou ou já se retirou das funções produtivas. A proporção de pessoas em idade "produtiva" acusa diferenças internacionais, tendendo a apresentar-se mais elevada nas nações desen-

---

1. O homem é usualmente apresentado, para fins de análise econômica, como um ser racional que, agindo individualmente, busca extrair o máximo de vantagens das oportunidades com que se depara. Assim, competiria à ciência econômica desdobrar os princípios lógicos subjacentes ao comportamento dos chamados agentes econômicos. Tal concepção está em diametral oposição ao espírito deste curso, que não visa a fornecer instrumentos analíticos de racionalização do comportamento econômico individual e, sim, apontar a estrutura e o funcionamento de um sistema econômico.

volvidas – dado, basicamente, à enorme incidência, entre os povos subdesenvolvidos, de indivíduos com idades de zero a 14 anos. (No Brasil, por exemplo, cerca de 40% da população encontram-se entre essas faixas etárias.)

A partir da população em idade de trabalhar, ou seja, do potencial de mão de obra do sistema, chega-se aos conceitos de população "economicamente ativa" e "população ocupada":

– economicamente ativa é a parcela da população que se encontra efetivamente voltada para o mercado de trabalho; é obtida subtraindo-se do contingente em idade de trabalhar os que se dedicam a atividades domésticas (não remuneradas), os estudantes etc.;

– o conceito de população ocupada compreende aqueles que exercem atividade profissional remunerada, ou sem remuneração direta, em se tratando de auxiliares de pessoas da família. Difere, pois, do conceito anterior por excluir os desempregados; não se referindo, em consequência, à população disponível e, sim, ao contingente efetivamente absorvido pelo sistema.

O quociente que compara o montante de pessoas ocupadas com o total de habitantes fornece a "taxa de ocupação". Este indicador aponta, em suma, a proporção daqueles que, por seu trabalho, engendram o total da produção a ser desfrutada pela comunidade.

A proporção de pessoas ocupadas numa comunidade é afetada por fenômenos econômicos, sociais e demográficos *stricto sensu*. Não é difícil captar o sentido da afirmação precedente: partindo-se da população total, há de se subtrair velhos e crianças (para chegar à população hábil), retirar os aptos para o trabalho que não estejam voltados para este gênero de atividade (atingindo-se com isto a população ativa) e, finalmente, descontar os que não conseguem empregar-se, para, então, determinar a população ocupada. Haveria, assim, de se computar uma série de fatores para explicar por que a taxa de ocupação é de cerca de 32% numa nação como o Brasil e próxima a 42% em países maduros, tais como França e Inglaterra.

A população economicamente ativa, ou seja, a oferta de trabalho com que conta o sistema, caracteriza-se por enorme diversidade de graus e tipos de qualificação. Buscando um meio-termo entre a necessidade de distinguir diferentes graus de capacitação entre os trabalhadores e a conveniente preservação de um alto grau de generalidade de análise, dividiremos o fator trabalho em duas grandes classes: "qualificado" e "não qualificado".

Considera-se, *grosso modo*, um trabalhador como qualificado quando suas funções não podem ser exercidas sem um certo período de aprendizado. Não seria possível estabelecer definições rígidas de qualificação: em civilizações urbanas e industrializadas, os requisitos de habilitação profissional diferem daqueles exigidos por sociedades agrárias e comunidades artesanais...

– Com o propósito de produzir bens, os homens se valem das riquezas e forças que a natureza lhes oferece. Cultivam-na, extraem-lhe matérias-primas, exploram seu potencial energético etc. Cabe a denominação recursos naturais aos elementos da natureza incorporáveis às atividades econômicas. Constituem variado conjunto em que se destacam solos agriculturáveis, florestas, jazidas minerais, recursos hidrológicos etc.

Dado que tão somente os elementos naturais a que têm acesso as atividades econômicas constituem recursos naturais, seu volume depende, entre outros fatores, da evolução tecnológica:

– determinando as possibilidades de aproveitamento de matérias-primas, fontes de energia etc. – do avanço da ocupação territorial, das facilidades de transporte e do levantamento de existências.

Podemos, pois, concluir que, em oposição ao conceito caracteristicamente estático de natureza, o estoque de recursos naturais com que pode contar um sistema nada tem de constante.

– O trabalho humano se exerce num contexto econômico que reúne fábricas, estradas e uma infinidade de outros elementos, resultantes do próprio esforço humano, empreendido em épocas passadas. Tais elementos constituem, em sua totalidade, o estoque de *capital* de que é dotado um sistema em determinado momento. Visando a esclarecer a acepção aqui empregada de capital como "fator" de produção, evocamos, a seguir, sua origem e significado último para as atividades econômicas.

Suponhamos a existência de uma coletividade primitiva, em que os homens ainda obtenham seu sustento colhendo-o diretamente da natureza. Trata-se, pois, de um processo de "produção", pelo qual o homem trava contato direto com as riquezas naturais, sem recorrer ao emprego de quaisquer meios de produção. Esta é, porém, uma forma pouco eficiente de trabalho e o homem, dotado de capacidade inventiva e incitado por suas necessidades físicas, inicia a criação de um conjunto de bens, cujo emprego lhe permite obter maiores quantidades de produtos por trabalho realizado. Os instrumentos assim desenvolvidos – o machado, o arco e a flecha, a canoa etc. – são as primeiras ocorrências de "fator capital", os mais remotos componentes do estoque físico de meios de produção de que dispõe qualquer sociedade.

Com o passar do tempo, o fator capital evolui daquelas formas embrionárias, ganhando complexidade crescente e conferindo ao trabalho humano uma eficiência cada vez maior. Projetando, pois, o conceito no tempo, vemos que constituem o acervo de capital de uma nação moderna: suas instalações industriais, meios de transporte, escolas, hospitais, equipamentos de toda ordem etc.[2]

Tomado sob outro ângulo, o surgimento de bens, cujo destino é a produção de outros bens, permite-nos assinalar um fenômeno de grande significado histórico-econômico: o produto engendrado pelo trabalho não é aplicado, em sua totalidade, no atendimento imediato das necessidades humanas. Pelo contrário, a produção tende, sistematicamente, a exceder o consumo, disto resultando uma acumulação de parte dos resultados obtidos pelo trabalho humano. Esta acumulação se traduz em obras de arte, monumentos etc. e também na constituição de uma base econômica para as sociedades. A este último elemento cabe, neste contexto, a denominação genérica estoque de capital.[3]

O trabalho mobilizável para as tarefas produtivas, os recursos naturais acessíveis numa certa fase de desenvolvimento e o capital disponível compõem a *constelação de fatores* com que pode contar um sistema. Definem, pois, *grosso modo*, seu potencial produtivo.

---

2. O conceito aqui apresentado se assemelha ao de riqueza tangível renovável, da contabilidade nacional, havendo, contudo, certa discordância, dado que a RTR leva em conta, por exemplo, o estoque de gado.

3. Visto numa perspectiva individual, pela empresa e o homem de negócios, o capital assume outro significado: exprime o valor, em moeda corrente, das instalações industriais, terras, residências, títulos de crédito etc., de propriedade das unidades produtoras e famílias. *Vide* Capítulo VI, "O sistema monetário-financeiro".

Uma vez indicados os elementos que determinam a capacidade produtiva de um sistema, voltemos nossa atenção para o processo pelo qual um sistema econômico moderno chega a se valer deste seu potencial produtivo para a geração de produtos destinados ao consumo de seus membros.

Imaginemos, primeiramente, o que se passa numa comunidade cujas atividades sejam predominantemente agropastoris. Seus membros têm necessidade de alimentos, tecidos, habitação e tratam de obtê-los, cultivando seus campos, extraindo a lã de suas ovelhas, deitando abaixo a madeira necessária às construções. Entre os traços comuns a estas atividades sobressai, sem dúvida, a proximidade entre as necessidades humanas e o trabalho dedicado a atendê-las.

Uma das características fundamentais da evolução de um sistema econômico é, no entanto, a crescente distância que separa o início da produção e o consumo final dos bens. Assim, numa economia moderna, certos homens trabalham, por exemplo, em siderúrgicas, cujo produto é transferido a outras e outras indústrias, para finalmente, após percorrer longa cadeia de transformações, ser entregue a consumidores. Estes, enquanto membros de empresas de toda ordem, que por sua vez se encadeiam em outras sequências produtivas, contribuem para a geração de bens que, em maior ou menor escala, atingem os operários da siderurgia... Assim, um sistema econômico moderno compreende um complexo tecido de relações diretas e indiretas, pelas quais os homens chegam a dispor de variadíssima gama de bens, capazes de satisfazer suas múltiplas necessidades e desejos materiais. É desta forma que os homens dividem socialmente seu trabalho, funcionando integrados mediante uma extensa corrente de trocas de produtos e prestação de serviços mútuos.

As atividades produtivas de uma sociedade contemporânea distribuem-se por inúmeras *unidades produtoras* que, individualmente, articulam trabalho, capital e recursos naturais, visando à obtenção de determinados bens e/ou serviços. As unidades produtoras concretizam, pois, o fenômeno da divisão social do trabalho.

A organização dos fatores dentro de tais unidades, assim como a direção de suas atividades, cabe a pessoas ou grupos de caráter privado ou público, genericamente denominados *organizadores da produção*. As combinações de fatores por eles efetivadas se situam dentro de um quadro de possíveis soluções tecnológicas. Estas constituem, na realidade, uma multiplicidade de processos produtivos, formas de organização etc., acessíveis às atividades produtivas de uma determinada época e região.

As unidades produtoras operantes no quadro de uma nação executam, tanto individualmente quanto por grupos, tarefas que se integram no funcionamento global do sistema. Segundo, entre outros fenômenos, o papel que lhes cabe no conjunto do sistema produtivo, exibem características extremamente variadas: constituem unidades produtoras, por exemplo, uma barbearia e uma usina siderúrgica...

A análise econômica, reconhecendo a diversidade de papéis que cabem às muitas unidades de um sistema produtivo, procura, no entanto, classificá-los distinguindo a existência de três grandes setores.

O setor *primário* engloba as atividades que se exercem próximas à base de recursos naturais (agropastoris e extrativas).

O *secundário* reúne as atividades industriais, mediante as quais os bens são transformados, sendo-lhes adicionadas características correspondentes a distintos graus de elaboração.

Certas necessidades são atendidas por atividades cujo produto não tem expressão material. A relevância deste complexo campo de atividades (que congrega, por exemplo, transportes, educação, diversões, justiça etc.) do qual flui para o sistema variadíssima gama de "serviços", justifica a existência de mais um setor, o *terciário*.

A importância relativa dos diversos setores na geração do produto total da economia é marcadamente variável, refletindo, entre outros fenômenos, o grau de desenvolvimento econômico alcançado.

Assim, tipicamente, enquanto a vida econômica das nações subdesenvolvidas gravita em torno de atividades primárias, nos sistemas maduros, amplamente industrializados, cabe à agricultura e à mineração modesto papel na geração do produto global. A íntima relação existente entre desenvolvimento e industrialização se traduz, aliás, por crescente relevância das atividades secundárias nas nações em fase de desenvolvimento econômico. Quanto ao terciário, o significado inteiramente distinto de seus subsetores e o fato de que, notoriamente, algumas das atividades que o compõem perdem e outras ganham peso relativo ao longo do desenvolvimento impedem que seus resultados, tomados globalmente, apresentem marcadas diferenças entre nações.

A divisão de uma economia em setores e o estudo de seus pesos relativos têm seu valor analítico multiplicado ao focalizarmos a absorção de fatores, pelos três setores, segundo o estágio de desenvolvimento alcançado.

Assim, por exemplo, se encararmos o setor primário sob o ângulo do emprego de fatores, vemos que seu papel difere radicalmente, segundo se trate de nações desenvolvidas ou atrasadas. Nestas, as atividades agrícolas ocupam de 50 a 80% da população ativa, caracterizando-se, além do mais, pelo escasso emprego de equipamentos e pelo uso extensivo e predatório da terra. As nações maduras, em flagrante contraste, dedicam parcela diminuta de sua população ocupada a atividades agrícolas que, por outro lado, se apresentam intensamente capitalizadas.

Em termos de composição fatorial, o setor secundário está, em qualquer sistema, inequivocamente associado ao fator capital. A absorção de mão de obra por unidade de capital instalado nas indústrias tem variado, intensamente, ao longo do tempo, como reflexo da revolução tecnológica. As relações entre o estoque de capital progressivamente acumulado em várias frentes, mas fundamentalmente nas atividades industriais e a mão de obra acrescida pela expansão demográfica, ou egressa da agricultura, a ser absorvida em novos empregos, constitui uma das mais graves questões com que se defrontam os sistemas no tempo.

Dada a sua natureza, a prestação de serviços baseia-se no uso extensivo e intensivo do fator trabalho, tendendo, porém, em alguns de seus ramos, a absorver grandes porções de capital (exemplos: os modernos meios de comunicações e transportes). Nas regiões economicamente subdesenvolvidas, o setor "serviços" é usualmente o escoadouro para onde vão grandes contingentes de mão de obra não qualificada que, deixando os campos, passam a vegetar nas cidades, buscando sua subsistência por meio do comércio de rua, de "biscates" e outras ocupações escassamente produtivas. Faz, pois, pouco sentido comparar, de país a país, índices de população ocupada no setor terciário.

É, aliás, tão diferenciada a composição do setor terciário, que cabe reagrupá-lo internamente. Assim, assinalemos a relativa homogeneidade dos serviços derivados das atividades de governo; do comércio; das redes de transporte, comunicações, energia, águas e esgotos; das escolas e hospitais; e, enfim, das atividades algo marginais, que não permitem maior afirmação econômico-social, incluindo trabalhos domésticos, tarefas improvisadas etc.

A análise simultânea do peso relativo de cada setor na totalidade da economia e da composição fatorial interna e comparada dos três setores fornece uma primeira imagem das estruturas produtivas dos diversos sistemas.

– A complexa relação que indica as proporções em que trabalho, capital e recursos naturais se conjugam para engendrar o produto setorial denominado "função macroeconômica de produção" ($P_i = f_i$ (Tr Q, Tr NQ, K, RN). O estudo de tais relações, suas alterações e tendências trazem à luz alguns problemas ditos de natureza estrutural com que se defrontam os sistemas em fase de profundas transformações. Pertence, contudo, à teoria do desenvolvimento econômico.

Os quadros que se seguem ilustram, de forma inequívoca, o relacionamento existente entre grau de desenvolvimento e estruturas produtivas e ocupacionais.

DIFERENÇAS ESTRUTURAIS ENTRE PAÍSES DE DISTINTOS NÍVEIS
DE RENDA POR HABITANTE (1950)*

	Renda *per capita*	
	Menos de 200 dólares	600 dólares ou mais
% *do produto gerado*:		
Agricultura	39	10
Manufatura, mineração e construção	21	44
Comércio.	15	15
Transportes	6	7
Outros	19	24
% *da população ativa*:		
Agricultura	55	13
Manufatura, mineração e construção	14	37
Comércio.	15	16
Transporte	2	7
Outros	14	27

* Cifras obtidas de publicações das Nações Unidas e da Cepal.

DISTRIBUIÇÃO PERCENTUAL DA POPULAÇÃO OCUPADA E DO PRODUTO BRUTO – BRASIL

	População ocupada			Produto bruto			
	1939	1949	1959	1939	1949	1959	1967
Setor primário	71,0	64,4	58,5	25,8	26,8	22,7	19,2
Setor secundário	8,9	12,9	12,7	19,5	23,2	25,2	26,2
Setor terciário	20,1	22,7	28,8	54,7	50,4	52,1	54,6

Fonte: "Contribuições à análise do desenvolvimento econômico". Editora Agir. Dados preliminares do Censo de 1960. Contas Nacionais do Brasil – Atualização, Conjuntura Econômica, nº 6, 1970.

Os grandes setores da economia compreendem inúmeros ramos de atividades que, por sua vez, reúnem quantidades variáveis de empresas. Articulados os fatores no seio destas unidades, tem curso a produção da qual resultam bens e serviços destinados a atender às variadas solicitações econômicas da comunidade. Tais bens e serviços podem ser assim classificados:

a) de consumo – quando se destinam à satisfação direta de necessidades humanas. Ex.: alimentos, roupas, diversões etc.;

b) de capital – não atendem diretamente às necessidades humanas, destinam-se a multiplicar a eficiência do trabalho. Ex.: instrumentos, máquinas, estradas etc.;

c) intermediários – bens que devem sofrer novas transformações antes de se tornarem, finalmente, bens de consumo, ou de capital. Ex.: gusa, trigo etc.

Às mercadorias e serviços diretamente destinados ao consumo da coletividade, ou a serem incorporados ao estoque de fator capital do sistema, cabe a denominação *bens finais*. O montante global de bens e serviços finais engendrados num período dado de tempo é denominado *produto*.

Ao longo do processo produtivo, cujo desfecho é a obtenção de bens de consumo e de capital, as unidades produtoras efetuam pagamentos ao pessoal empregado, remuneram os proprietários dos fatores capital e recursos naturais utilizados, e, ainda, realizam seus lucros. A totalidade destes rendimentos constitui a *renda da comunidade*. Tal "agregado" pode ser assim repartido: remunerações destinadas ao trabalho (salários e ordenados); rendas de propriedades percebidas pelos detentores de capital e recursos naturais (juros, aluguéis, lucros etc.).[4]

O funcionamento das unidades produtoras – integradas num conjunto, o *aparelho produtivo* – dá, pois, origem a dois fluxos simultâneos: o *fluxo* real, constituído de bens e serviços; e o *fluxo nominal,* reunindo os rendimentos distribuídos pelo sistema em operação.

O fluxo de rendimentos faculta aos homens procurar e adquirir certos e determinados bens e serviços. Em contraposição, o caudal de bens e serviços lhes é ofertado em mercado pelas unidades produtoras.

Os detentores de rendimentos, em busca da satisfação de suas necessidades e desejos, e os ofertantes de mercadorias e serviços dispostos a cedê-los mediante o pagamento de determinadas quantidades de moeda, encontram-se no *mercado,* onde a produção atinge seu destino final, adquirida pelos membros da coletividade, segundo seu diferenciado poder de compra.

Em conclusão, este primeiro contato com o sistema econômico coloca em realce:

– os elementos-chaves do processo produtivo, os fatores e as unidades em que eles se organizam;

– os setores em que a economia pode ser dividida, assim como as primeiras questões levantadas pela diversidade de sua constituição fatorial;

– os fluxos que, gerados num período de tempo, transitam pelo sistema econômico, contrastando, pois, com os "estoques" existentes no sistema;

– a dicotomia básica vigente no processo produtivo, entre a corrente "real" de bens e serviços e a corrente "nominal" de rendimentos. Esta dicotomia se reflete em outras denominações, como produto e renda, oferta e procura, vendas e compras etc.;

– a organicidade do sistema econômico, cujos elementos se mostram intimamente relacionados.

---

4. A classificação do item "lucros" pode dar margem a certas polêmicas. A natureza dos lucros depende, aliás, de condições histórico-institucionais.

O SISTEMA ECONÔMICO (Versão simplificada)

GRÁFICO I

A representação dos estoques de fatores, ao alto, onde se inicia o gráfico – Trabalho (qualificado e não qualificado), recursos naturais e capital, tem por pano de fundo a tecnologia, que orienta sua conjugação. Sob a direção de organizadores da produção, eles se encontram distribuídos em conjuntos que constituem as unidades produtoras.

O universo das unidades produtoras, por sua vez, compõe o aparelho produtivo da nação. Nele se distinguem três setores, diversos pela natureza e pelo papel exercido na economia. O emprego de fatores que os caracteriza pode ser formalizado mediante o uso de "funções macroeconômicas" de produção, definidas por setor e genericamente expressas por:

$$P_i = F_i \, (Tr.Q, \, Tr.N.Q., \, R.N., \, K)$$

Das unidades situadas nos três setores fluem, simultaneamente, uma corrente de pagamentos por serviços prestados (à esquerda) e outra de bens e serviços produzidos (à direita).

Os pagamentos, constituindo a renda da comunidade, são levados pelos consumidores ao mercado, onde eles procuram adquirir os bens e serviços de que necessitam. Paralelamente, tais bens e serviços – constituindo o produto do sistema – são trazidos ao mercado por unidades produtoras, dispostas a vendê-los. O mercado é, pois, o "local" para onde convergem os fluxos nominal (procura) e real (oferta).

$$Tr = Trabalho \begin{cases} Q - qualificado \\ NQ - não \ qualificado \end{cases}$$

RN = Recursos Naturais

K = Capital

O SISTEMA ECONÔMICO (VERSÃO SIMPLIFICADA) – GRÁFICO I

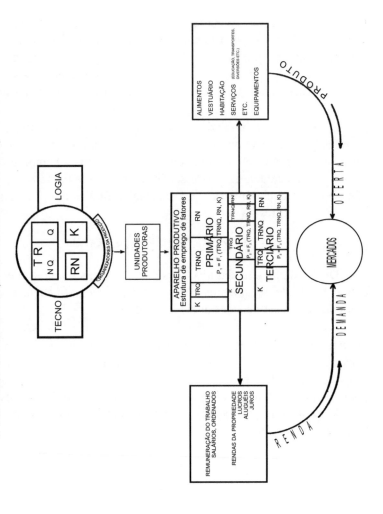

Capítulo II
O SISTEMA ECONÔMICO

Outros elementos e novas relações devem se adicionar à imagem apresentada do sistema econômico para que ela caminhe numa linha de crescente aproximação com a realidade. A presente etapa focaliza o fenômeno da produção no âmbito do sistema e indica algumas características dos fluxos nominal e real em seu trajeto para os mercados.

A par desses temas, que centralizam o capítulo, outros pontos são levemente abordados, apenas para efeito de localização no funcionamento do sistema, capítulos posteriores incumbir-se-ão de seu desdobramento.

A visão do sistema econômico, apresentada a seguir, contém ainda inúmeras simplificações, destacando-se:

– no contexto do sistema econômico não se distingue o chamado "setor público", omitindo-se, em consequência, importantes fenômenos, como a tributação etc., que estão ligados à sua existência;

– também não são assinaladas as implicações decorrentes do intercâmbio com o exterior – trata-se, pois, por enquanto, de um "modelo fechado".

A produção

A produção baseia-se no trabalho humano dirigido no sentido do atendimento de necessidades econômicas individuais e coletivas. Em dependência do produto que se tenha em vista, o processo produtivo envolverá o uso de determinadas formas de trabalho, capital e recursos naturais. Cada combinação de fatores trabalho, capital e recursos naturais – constituindo uma unidade produtora – é alimentada pelo resto do sistema, que lhe provê matérias-primas, combustíveis, energia, serviços de diversas ordens etc. Note-se que, enquanto o emprego de fatores não implica modificar substancialmente sua existência, os bens correntemente adquiridos pelas unidades produtoras para alimentar seu processo produtivo – ditos *insumos* – sofrem sucessivas transformações, pelas quais chegam ulteriormente a converter-se em bens de utilização final. Com efeito, a produção constitui, por vezes, uma longa cadeia composta de diversos fases nas quais os bens, em processo de elaboração, incorporam, progressivamente, as características com que se deverão apresentar em mercado quando prontos para uso final.

A elaboração de insumos de toda ordem, a serem transmitidos a outras empresas, se denomina produção *intermediária*.

Vejamos um exemplo: o agricultor (organizador da produção), empregando fatores produtivos (trabalho, terra e capital) e certos insumos (sementes, fertilizantes etc.) provenientes de outras unidades produtoras (agrícolas, industriais e comerciais) logra, ao fim de um ciclo produtivo, colher determinada quantidade de trigo. O produto é adquirido por outra unidade produtora, o moinho, para a qual o trigo é considerado matéria-prima. A direção do moinho, utilizando seus próprios recursos produtivos e outros insumos (como transporte e energia), produz farinha. Esta é, por sua vez, vendida a outro tipo de unidade econômica, a padaria, para a qual constitui matéria-prima. O padeiro submete este insumo a novas transformações, valendo-se de seus recursos produtivos, bem como de outros insumos (energia, água, sal etc.), e obtém um bem final: o pão. Este bem, capaz de satisfazer diretamente uma necessidade humana, desaparece com o consumo.

Ao longo do processo de obtenção de um bem final, rendimentos são pagos aos responsáveis pelas diversas formas de trabalho absorvidas nas várias etapas, assim como aos proprietários dos demais fatores indispensáveis à produção. Costuma-se dizer que os rendimentos são a contrapartida pela utilização dos "serviços" do trinômio de fatores nos vários elos da cadeia produtiva.[1]

---

1. Não confundir os chamados "serviços de fatores", expressão que se refere genericamente à contribuição do trabalho, dos equipamentos e dos recursos naturais ao processo produtivo, com os "serviços", forma de produto que caracteriza o setor terciário.

Buscando formar uma primeira ideia do processo produtivo global, no âmbito de um sistema econômico, suponhamos que a totalidade das atividades econômicas se restrinja aos setores agrícola, industrial e terciário (produtor de serviços). Cada setor deve efetuar compras de matérias-primas, produtos semielaborados etc., bem como remunerar os proprietários dos fatores produtivos que empregue; sua produção destina-se parte a alimentar os processos produtivos em curso no sistema, parte ao atendimento da "demanda final" por bens e serviços de consumo e capital. Note-se que não apenas os setores se abastecem reciprocamente de insumos, como no seio mesmo de cada setor (composto de inúmeras unidades produtoras) ocorrem trocas intermediárias. Até mesmo no interior de empresas pode-se dar o aproveitamento dos insumos obtidos (ex.: a fração das colheitas preservada para sementes).

Ilustrando, tomemos de início a agricultura e vejamos o que se passa neste setor ao longo de certo período de tempo.[2] Observado globalmente, o comportamento do setor agrícola pode ser retratado pelas seguintes informações: mediante a utilização de sementes, adubos, serviços de transporte, energia etc., cujo valor totaliza 25 unidades monetárias, e o emprego do trabalho, terra e bens de capital, é obtido um certo montante de mercadorias cujo valor – valor bruto da produção – é de 100 unidades monetárias. Constata-se, de imediato, que o valor inicial de 25, atribuído aos insumos, foi incrementado, chegando-se à cifra final de 100, por aplicação dos "serviços" de trabalho e derivados do uso da terra, equipamentos e instalações. A diferença de 75 é o produto efetivo ou o *valor agregado* gerado pelas atividades agrícolas. Suponhamos, adicionalmente, que aos responsáveis pelos fatores produtivos couberam as seguintes remunerações: salários, 40; aluguel da terra, 15; juros, 5; e lucros, 15.

---

2. Exemplo retirado do artigo "El modelo de insumo produto", do *Boletim Econômico da América Latina*, vol. 1, nº 2 (Nações Unidas – setembro, 1956).

Em síntese:

Agricultura

Compras de insumos 25
Sementes 5
Adubos 10
Serviços 10

Valor agregado 75
Salários 40
Juros 5
Aluguel da terra 15
Lucros 15

Valor bruto da produção 100

Por hipótese, os outros setores obtiveram, simultaneamente, os seguintes resultados:

Indústria

Compras de insumos 80
Matérias-primas agrícolas 30
Insumos industriais 40
Serviços 10

Valor agregado 70
Salários 40
Juros 5
Aluguéis 5
Lucros 20

Valor bruto da produção 150

Terciário

Compras de insumos 10
Insumos industriais 5
Serviços 5

Valor agregado 130
Salários 75
Juros 10

Aluguéis 5

Lucros 40

Valor bruto da produção 140

Os dados foram apresentados segundo o absorvido por diferentes setores. Prestam-se, no entanto, a um primeiro levantamento do destino dos bens e serviços produzidos. Assim, é fácil perceber que a agricultura destinou a si mesma o equivalente a cinco unidades monetárias, sob a forma de sementes, e remeteu 30 para as atividades industriais, a título de matérias-primas agrícolas. Naturalmente, os 65 restantes (100-35) seriam levados à satisfação direta de necessidades humanas, sob a forma de bens finais. O mesmo raciocínio deve ser feito com respeito aos demais setores.

O passo seguinte, no exame do destino dos bens, seria a discriminação, dentre os bens finalizados, entre aqueles que vão para consumo e os que se acumulam sob a forma de bens de capital. Completando, pois, o exemplo apresentado, acrescentemos que dentre os bens finalmente produzidos pelo setor secundário 50 se constituem de mercadorias de consumo e 45 representam formação de capital.

Se adicionarmos o valor bruto da produção dos três setores, obteremos o valor bruto da produção da economia (390). Tal agregado compreende, indiscriminadamente, tudo aquilo que é vendido pelas empresas que compõem os três setores, quer se trate de produtos finalizados, quer se destine à alimentação de outros processos produtivos. Neste último caso, efetuar-se-ão ainda novas vendas, em que se repetirá o cômputo do valor por bens anteriormente adquiridos como insumos. Torna-se, por conseguinte, patente que o conceito de valor bruto da produção não se refere ao que de fato o sistema produz, dado que compreende, repetidas vezes, o valor dos bens que transitam interempresas. O *produto* de uma economia, no entanto, leva em conta tão somente os bens e serviços de utilização final produzidos no sistema, isto é, os de consumo e capital. O valor do produto pode ser aferido deduzindo-se do valor bruto da produção o correspondente à aquisição de insumos. Assim, vemos que o produto corresponde àquilo que efetivamente se adiciona em termos de valor, ou seja, ao *valor agregado* (275).

Por outro lado, este mesmo valor equivale à totalidade dos rendimentos de que se apropriam os responsáveis pelos fatores implicados no processo produtivo – trabalho, capital e recursos naturais. O valor agregado, encarado sob este ângulo, consiste na *renda* da comunidade no período em causa. Assim, a renda e o produto são conceitos que se identificam devido à sua origem comum – o valor efetivamente adicionado ao processo produtivo.[3]

Valor agregado (V.A.) + Renda (Y) = Produto (P)

O exemplo empregado põe em relevo o regime de dependência recíproca em que operam os setores produtivos. As relações intersetoriais podem ser esquematizadas num dispositivo gráfico (adiante apresentado), originariamente concebido por W. Leontief. Sua interpretação deve ser feita à luz das informações que se seguem.

Cada setor de atividade produz, num período de tempo, um conjunto de bens. Classificando-os segundo seu uso, vemos que parte deles é utilizada pelo próprio ou pelos demais setores (utilização intermediária), sendo a fração complementar destinada ao consumo final da coletividade, ou empregada na realização de investimentos. Para produzir esses bens, o setor em causa utiliza produtos (bens e serviços) vindos de outros setores, assim como serviços fornecidos pelos fatores que emprega.

Podemos dispor:

– tudo o que um setor *produz*, numa *linha* horizontal, na qual listamos, sucessivamente, os insumos, os bens destinados a consumo e à formação de capital;

– tudo o que o setor *absorve* em seu processo produtivo (insumos e serviços de fatores), numa *coluna*.

A soma do que um setor produz (com destinação intermediária e final) é igual à soma do que ele utiliza (insumos e serviços de fatores). Tal identidade é garantida pela inclusão na seção em que são

---

3. A identidade renda-produto refere-se, em princípio, às atividades cujo fruto é levado a mercado. Diversas modalidades de produção para autoconsumo são, no entanto, levadas em conta mediante estimativas e imputações de valores, especialmente no setor agrícola. Tal fenômeno assume grande importância nas áreas subdesenvolvidas, onde fração significante das atividades econômicas nos campos se dão à margem da economia de mercados.

inscritos os rendimentos de um item "lucros", categoria flexível, capaz de absorver as possíveis diferenças.

A forma matricial decorre da ideia que preside a montagem no quadro: a conjugação dos setores, simultaneamente dispostos na horizontal e na vertical, segundo o que produzem e o que utilizam.

Distinguem-se na matriz três áreas (campos):

– A primeira (A) apresenta de forma integrada toda a produção de bens intermediários na economia. Notar que aí se torna claro o fenômeno genérico de que as "saídas" de um setor constituem "entradas" de outros (ou do mesmo) setores.

– A segunda (B) nos mostra todos os bens finais produzidos pelo sistema econômico num período de tempo. Como já foi assinalado, as possíveis utilizações finais são: consumo e formação de capital.

O registro dos rendimentos pagos ao trabalho e aos proprietários dos fatores capital e recursos naturais se dá na área C da matriz.[4]

Trata-se de considerar, neste momento, algo de que até o presente abstraímos. O processo produtivo implica, necessariamente, certo grau de desgaste para os bens de capital e mesmo recursos naturais empregados. Por conseguinte, uma fração do valor criado na cadeia produtiva é contrabalançada pelo valor perdido dos fatores neste mesmo processo. Assim, além da renda gerada e distribuída aos responsáveis pelos fatores empregados, uma parcela da renda deve ser represada a título de *reserva de depreciação,* visando à reposição dos fatores depreciados.

Feita tal advertência, acrescentemos que a área C da matriz poderia discriminar um item reunindo os fundos constituídos como reserva de depreciação. E o que precede leva-nos a desdobrar o simples conceito de renda em dois agregados: renda líquida (valor agregado líquido) e renda bruta (valor agregado bruto). A identidade renda = produto não é afetada por este refinamento, reproduzindo-se exatamente desde que analogamente se distingam produto bruto e líquido.

---

4. As empresas, por um lado, e os trabalhadores, técnicos e proprietários de fatores de capital e recursos naturais, por outro, estabelecem as remunerações a serem pagas mediante negociações que, por hipótese, se efetivam num "local" – o mercado de serviços de fatores. Algumas das propriedades de tal mercado serão posteriormente abordadas.

QUADRO DE RELAÇÕES INTERSETORIAIS

Distribuição da produção \ Composição de insumos	Agric.	Indus.	Serv.	Total de vendas intermediárias	Total	Bens e serv. de consumo	Bens e serv. de capital	V.B.P.
						Demanda final		
Agricultura	5	30	—	35	65	65	—	100
Indústria	10	40	5	55	95	50	45	150
Serviços.............	10	10	5	25	115	115	—	140
Total insumos	25	80	10	115				
Salários	40	40	75					
Juros	5	5	10					
Rendas..............	15	5	5					
Lucros	15	20	40					
V.A..................	75	70	130		275			
V.B.P.	100	150	140					390

Decorre da própria textura da matriz uma série de informações fundamentais sobre a constituição e o funcionamento do sistema. Nela estão explicitadas as conexões entre os setores (o que fornece indicações de grande valia acerca do impacto sobre os demais, de alterações ocorridas em determinados setores), bem como a heterogeneidade dos processos produtivos; a destinação final do produto e a geração e distribuição, dita "funcional", das rendas.

O esquema aqui apreciado como instrumento analítico e sob forma simplificada tem sido aplicado em muitos países, obtendo-se o registro conjunto dos resultados apresentados pelos diversos setores. Tais esquemas são elaborados mediante estudo do comportamento de um bom número de subsetores: indústria química, têxtil, metalurgia, construção civil etc.

O destino dos fluxos

No processo produtivo são gerados, simultaneamente, o produto e a renda. O que precede visa, justamente, a esclarecer aspectos dos mais importantes deste processo, responsável pelo surgimento no sistema econômico dos fluxos real e nominal. Não nos aponta, contudo, como transitam e ulteriormente se encontram o fluxo nominal, uma vez distribuídos os rendimentos, e o fluxo real, uma vez encerrado o ciclo produtivo.

Trata-se, a seguir, de acompanhar o percurso de tais fluxos até sua utilização final, em atendimento a necessidades e decisões humanas. Para tal efeito, dividiremos a exposição em dois itens: um, tratando do encaminhamento de rendas, bens e serviços, para a satisfação das necessidades de consumo; outro, focalizando o montante de rendimentos e produtos que servem à execução de outros propósitos.

a) Uma vez a renda distribuída, sob a forma de salários, ordenados, juros, lucros etc., ficam definidos os recursos com que podem as pessoas contar para a satisfação de suas necessidades e desejos. Os indivíduos, de posse de tais rendimentos (expressos sob diversas formas: em moeda corrente, depósitos bancários etc.), dirigem-se, pois, ao *mercado de bens e serviços de consumo*. Nele se defrontam com uma série de produtos oferecidos pelas unidades produtoras, a determinados preços.[5] Dadas suas possibilidades econômicas, ditadas pelo confronto de seus orçamentos e dos preços vigentes, adquirem diferentes bens e serviços. Começam, naturalmente, por atender a certos itens como alimentação, vestuário, habitação, de prioridade indiscutível. De acordo com o montante de recursos auferidos, alguns consumidores (em número decrescente) podem prosseguir satisfazendo seus desejos pela compra de geladeiras, automóveis, ingressos para espetáculos de arte etc., até que, em certos casos, atingem níveis altamente requintados de consumo.

As compras efetuadas, de qualquer mercadoria ou serviço singular, implicam um dispêndio determinado pelo produto da quantidade adquirida, pelo respectivo preço de mercado.

$$d_i = q_i \cdot p_i$$

O gasto conjunto da coletividade com os artigos que diretamente satisfazem seus desejos e necessidades econômicas – sua demanda final de *bens e serviços de consumo* – determina o agregado *Consumo* ($C = \sum p_i \, q_i$).

A corrente de artigos para consumo que flui do aparelho produtivo – a oferta de bens e serviços de consumo – reflete em maior ou menor grau os requisitos da demanda com que se defronta o mercado. O tratamento de tal questão exige a consideração de um "modelo aberto", em que o ajustamento procura-oferta se dê indiretamente, com recurso às trocas externas. O tema será, pois, retomado posteriormente.

b) Nem todas as rendas geradas no processo produtivo são destinadas à satisfação de necessidades imediatas. A parcela de rendimentos não despendidos na aquisição de bens e serviços de consumo constitui, por definição, o montante de "poupança" (S) do sistema econômico no período considerado.

A "poupança" de um sistema econômico do tipo até aqui descrito tem como principais componentes:

---

5. A análise da formação de preços, peça mestra da teoria econômica "acadêmica", estuda as formas de *comportamento* de empresas e consumidores quando submetidas a determinadas condições de mercado – tema que escapa aos nossos propósitos.

– Os rendimentos percebidos por pessoas e não destinados a consumo. Tais reservas facultam aos indivíduos a aquisição de títulos de propriedade e crédito (os quais lhes proporcionam, em períodos subsequentes, correntes adicionais de rendimentos).[6]

– Uma soma de recursos financeiros retidos (não distribuídos a proprietários, acionistas etc.) pelas empresas, com dupla destinação: manutenção ou ampliação de suas instalações. Com efeito, visando à conservação de sua capacidade produtiva, as empresas são levadas a constituir fundos (reservas de depreciação) que lhes permitam fazer frente ao desgaste de seus equipamentos. Além disso, inúmeras empresas represam parte de seus lucros para financiar a expansão de suas atividades. As duas parcelas somam, pois, o total de poupança realizada pelas unidades produtoras.[7]

Paralelamente à formação de poupanças do lado do fluxo nominal, o aparelho produtivo produz certos bens e serviços não diretamente absorvidos pelo consumo, mas que devem, sim, integrar-se em atividades produtivas futuras. Determinada proporção destes bens e serviços de capital é diretamente absorvida pelas empresas, a partir do emprego de suas próprias poupanças. As economias dos indivíduos, no entanto, devem transitar por instituições financeiras (bancos de investimento, sociedades de crédito etc.) para que, finalmente, venham a financiar a aquisição de bens de capital. Assim, a poupança dos indivíduos chega às empresas por meio da mediação dos *intermediários financeiros*. Este tem, pois, por função transmitir aos organizadores da produção, decididos a investir, o fluxo de poupança gerado pelos inúmeros poupadores individuais dispersos pelo sistema econômico. Naturalmente, os intermediários financeiros tam-

---

6. Em países subdesenvolvidos, como já foi assinalado, uma fração significativa da vida econômica mantém-se amonetária. Nesse caso, caracteriza-se um tipo especial de "poupança" realizada por indivíduos (principalmente no campo), não por limitação de seus gastos de consumo, mas, diretamente, subtraindo horas de trabalho usualmente dedicadas à produção de bens de consumo em prol de outras tarefas destinadas a manter ou incrementar, em períodos subsequentes, a eficiência de seu trabalho.

7. Devemos assinalar que, ao apresentar como entidades geradoras de poupança apenas as famílias e empresas, fomos fiéis às premissas de nosso modelo, mas abstraímos de uma das mais vigorosas fontes de poupança no mundo real: o setor público.

bém se prestam à canalização de poupanças de empresas, desde que estas não as apliquem diretamente.

O conjunto de bens e serviços de capital, gerados num período de tempo, tem dois possíveis destinos: uma fração é utilizada para a substituição de equipamentos, peças etc. desgastados no processo produtivo – constitui o *investimento de reposição*; a fração complementar é empregada na realização de novos empreendimentos – trata-se do *investimento líquido* da sociedade. Ambas as parcelas compõem, por sua vez, o *investimento bruto* (I).[8]

Enquanto os bens e serviços de consumo rapidamente desaparecem, os bens de capital têm, pois, por destino o processo de inversão que os integra, transformados em fator capital na constelação de fatores do sistema. Ao crescer o estoque de capital é incrementada a capacidade de produção da economia, o que acarreta o aumento do produto e da renda (e, em consequência, do consumo e da própria formação de capital). A expansão do aparelho produtivo não se produz a mera dilatação do preexistente: a assimilação de capital tende a alterar sua conformação setorial, a introduzir novos processos produtivos etc. A formação de capital é, pois, fenômeno decisivo no crescimento e transformação temporal do sistema.

Do exposto até o presente, podemos extrair as seguintes relações fundamentais para a compreensão do funcionamento de um sistema econômico:

– a renda gerada num período dado é utilizada para consumo imediato ou preservada para outras aplicações.

$$Y = C + S$$

– o Produto satisfaz o consumo da comunidade, e ainda alimenta a reposição e/ou expansão do estoque de capital.

---

8. Haveria de mencionar, ainda, que as unidades produtoras constituem, necessariamente, estoques de seus produtos, bem como de seus insumos: uma ampliação do volume de estoques em poder das unidades produtoras é tida, convencionalmente, como investimento; contrariamente, uma redução de existências é computada como "desinvestimento". Estes conceitos se combinam para determinar a "variação líquida de estoques" a ser levada em conta da determinação do montante global de investimentos registrados na economia.

$$P = C + I$$

Estas relações constituem ponto de partida para alguns capítulos da ciência econômica contemporânea.

O SISTEMA ECONÔMICO

GRÁFICO II

Visão global e integrativa do funcionamento do sistema, destacando aspectos da produção e destinação dos fluxos de produto e renda. As principais hipóteses simplificativas são: não se distinguem as características específicas do setor público; e não se consideram as implicações das trocas internacionais.

Tem início ao alto, à esquerda, onde é apresentada a constelação de fatores. Estes fatores são combinados em unidades produtoras que se distribuem pelos setores primário, secundário e terciário.

A seguir, encontra-se uma matriz do gênero apresentado no texto e que indica, esquematicamente: as interdependências dos diversos setores do aparelho produtivo (campo A); a destinação final dos bens engendrados no sistema (campo B) e a composição da renda gerada (campo C). A referida matriz sofreu ligeiras alterações para que pudesse ser inserida nesta representação panorâmica do sistema.

Na área C da matriz, mais precisamente no item renda bruta, tem início o fluxo nominal. Esta corrente de rendimentos se subdivide em "demanda de bens e serviços de consumo" e "poupança" (S).

A "demanda de bens e serviços de consumo" expressa a necessidade de alimentos, tecidos, habitações etc. A aquisição de quaisquer produtos se dá mediante um dispêndio (d), sempre igual ao produto da quantidade adquirida por seu preço de venda (p.q).

O total de despesas com bens e serviços de consumo define o agregado "Consumo", indicado pela fórmula:

$$C = \sum p_i \cdot q_i$$

A poupança é a fração complementar do fluxo de rendimentos, ou seja, o montante de rendimentos não empregado na aquisição de artigos de consumo. O fluxo de poupanças prossegue seu trajeto até ser, por sua vez, dividido em duas correntes:

– uma vai diretamente aos organizadores da produção (é a poupança realizada pelas empresas e destinada a investimentos próprios);

– outra é dirigida ao mercado financeiro, após o que chega também aos organizadores da produção (é a poupança criada por pessoas físicas e transmitida por bancos e outras instituições aos empresários desejosos de investir).

A poupança, já inteiramente sob controle dos organizadores da produção, chega ao mercado de bens de capital onde permite a aquisição de equipamentos etc., destinados à reposição do capital (investimento de reposição), ou à formação de novo capital (investimento líquido).

Encarando a produção pela perspectiva "real", vemos que o fluxo de bens e serviços finalizados pelo aparelho produtivo num período de tempo se compõe de duas correntes que constituem, respectivamente, a oferta de bens e serviços de consumo e de capital.

A oferta de bens e serviços de consumo é confrontada com a respectiva demanda no mercado de bens e serviços de consumo. Por outro lado, os bens e serviços de capital propiciam tanto a renovação dos equipamentos, instrumentos de trabalho etc. desgastados quanto a efetivação do investimento líquido da comunidade. Este montante de investimentos irá se adicionar ao estoque de fator capital, que, juntamente com os recursos naturais e a população ativa, compõem a constelação de fatores – conceito do qual se parte no presente capítulo.

O SISTEMA ECONÔMICO – GRÁFICO II

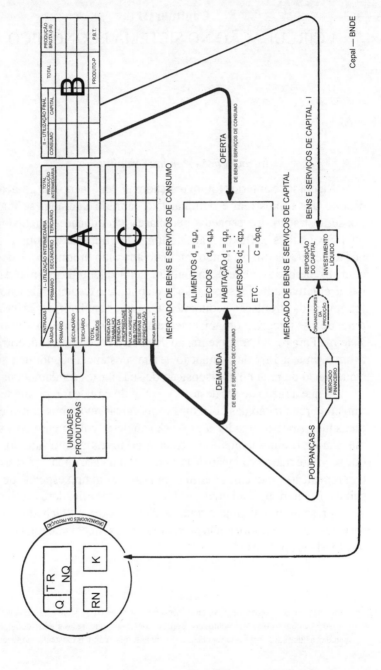

Capítulo III
A CIRCULAÇÃO NO SISTEMA ECONÔMICO

Introdução: esquema circulatório

Na unidade anterior foram realçados os fenômenos da geração e destino dos fluxos real e nominal. No capítulo que aqui se inicia, faz-se abstração dos aspectos peculiares à produção – mediante a qual são gerados os fluxos real e nominal. Por outro lado, supera-se a noção de que os fluxos, tendo início no aparelho produtivo, se destinam aos mercados, onde se encontram, sendo atendida a demanda final da coletividade. Tal superação se dá por meio da generalização do fenômeno da circulação econômica. Os fluxos ganham, então, continuidade e se integram organicamente no funcionamento contínuo do sistema. Para ressaltar a integração do sistema econômico, decorrente em última análise da circulação de sua substância econômica, lançamos mão de uma nova disposição de suas partes fundamentais.

Já que a razão de ser deste novo modelo é realçar o permanente trânsito e renovação das correntes econômicas, evitamos considerar quaisquer aspectos ligados à expansão ou desenvolvimento do sistema. Para tal, eliminamos a ocorrência de investimento líquido, do que se infere que a produção de bens de capital visa, apenas, à respectiva reposição – o que nos permite tratá-los como tipo especial de insumos. Manteremos, ademais, as hipóteses simplificadoras com que até o presente trabalhamos: trata-se de um sistema "fechado" (sem relações com o exterior); não se distingue a existência de uma esfera de atividades públicas.[1]

---

1. Dado que nossas atenções estão voltadas para o funcionamento do sistema, não havendo interesse para com o comportamento dos agentes econômicos (empresas e indivíduos), tampouco consideramos as transações operadas sobre as terras e capitais existentes no sistema.

O funcionamento de uma economia moderna baseia-se na divisão do trabalho entre homens cujos esforços produtivos, dispersos no espaço e ordenados no tempo, devem resultar no atendimento de necessidades e desejos econômicos. A circulação de bens e serviços presta-se, exatamente, à integração das atividades produtivas e à superação da distância existente entre o trabalho e a satisfação final dos consumidores.

As matérias-primas, artigos semiacabados, produtos finais etc., que percorrem continuamente o sistema, constituem uma corrente de bens à qual cabe a denominação *fluxo real*. Como as transferências de propriedade ocorridas na circulação de bens são acompanhadas mediata ou imediatamente de uma contrapartida financeira, verifica-se, desde logo, a existência de uma corrente nominal, trafegando em sentido inverso ao do fluxo real.

Além das numerosas transações comerciais de compra e venda de bens e serviços, ocorrem na economia transações de outra natureza, que podemos enfeixar sob a denominação contratação de fatores. Tais ajustes fixam as remunerações devidas pelas empresas aos homens que empreguem, assim como aos proprietários de capital e recursos naturais que utilizem. A contratação é, pois, o marco em que se definem as correntes de salários, juros, aluguéis etc., grandes itens que compõem a renda gerada numa economia.

Se enfeixarmos num só fluxo os pagamentos de toda ordem, ligados à operação de fatores – genericamente, os rendimentos da propriedade e do trabalho – e se, ademais, agregarmos à mesma corrente os pagamentos de toda espécie, ocasionados pela compra e venda de bens e serviços, teremos posto em evidência o fluxo nominal por meio de seus constituintes básicos – rendimentos e gastos.[2]

Conceituados os fluxos, podemos situá-los no sistema, cujas simplificações foram acima apontadas, da seguinte maneira:

– o fluxo nominal é gerado, em cada período, pelos pagamentos aos proprietários de capital, recursos naturais e trabalho;

---

2. Entre os fenômenos nominais, anotamos tão somente os de caráter comercial e a contratação de fatores. As transações financeiras *stricto sensu* serão tratadas separadamente no Capítulo VI.

– uma vez os rendimentos percebidos pelos proprietários de fatores, convertem-se em poder aquisitivo, dirigido ao mercado, em busca de bens e serviços de consumo;

– ao serem adquiridos os bens finais de consumo, retorna o fluxo nominal ao seio do aparelho produtivo, fechando-se o circuito.

Ao atingir o aparelho produtivo, naturalmente continua a movimentação do fluxo nominal que se filtra pelas diversas unidades produtoras, levado pelas transações intersetoriais de insumos e bens de capital. Por outro lado, a contratação de fatores por novos períodos produtivos acarreta a paulatina devolução do fluxo nominal aos proprietários de fatores...

Quanto ao "fluxo real", nasce no seio do aparelho produtivo com o trânsito entre empresas de matérias-primas, produtos semiacabados etc., terminando por constituir-se no caudal de bens e serviços que deixa o aparelho produtivo e, via mercado, atinge o público consumidor.

A circulação vista globalmente apresenta, pois, dois pólos:[3]

– as empresas, que podem ser integradas numa gigantesca unidade produtora, o aparelho produtivo (tal simplificação permite-nos abstrair, por ora, das relações entre empresas);

– as unidades familiares, que respondem pela propriedade dos fatores e pelo consumo dos bens acabados.

Ambos os polos têm duas faces. O aparelho produtivo, por um lado, é responsável pela produção e oferta de bens e serviços de consumo, por outro emprega os fatores demandados por suas funções de produção. As unidades familiares procuram produtos acabados e contratam com os organizadores da produção o emprego dos fatores trabalho, terra e capital (ofertam sua força de trabalho ou o uso de suas propriedades).

Propositadamente, acentuamos a simetria do processo circulatório em que as rendas se geram e são despendidas, condição para

---

3. Que podem ser ambos considerados origem ou fim do circuito nominal. Se situássemos, no entanto, o início do ciclo no dispêndio dos consumidores, estaríamos sugerindo uma imagem obsoleta do funcionamento da economia. Em outras palavras, estaríamos nos reportando à imagem consagrada no mercado concorrencial e da suposta "soberania do consumidor".

que mais uma vez se formem. Esta simetria nos serve para contrastar duas peças fundamentais no esquema circulatório: o mercado de bens e serviços de consumo e o chamado mercado de serviços de fatores. O primeiro, já anteriormente apresentado, é o escoadouro do poder aquisitivo das famílias, que nele se defrontam com os ofertantes de bens e serviços. O segundo consiste numa abstração destinada a reunir num só conceito todos os fenômenos de contratação de fatores.

No mercado de bens e serviços de consumo efetuam-se as transações que bombeiam para o aparelho produtivo a renda da comunidade, a qual ali se apresenta sob a forma de dispêndio líquido. Esta mesma renda se formara em decorrência da aquisição pelo aparelho produtivo do direito de uso sobre os chamados "serviços" do trabalho e dos fatores capital e recursos naturais. O excesso da receita do aparelho produtivo, proveniente do mercado de artigos de consumo sobre o montante de rendimentos contratuais, define um tipo de rendimento residual, o lucro. Incluído o lucro, o montante global de rendimentos dirigidos aos responsáveis e proprietários de todos os fatores – renda ao custo dos fatores – iguala-se ao gasto total ocorrido no mercado de bens e serviços de consumo – dispêndio líquido da comunidade.

Condicionamento dos mercados

Passamos, a seguir, ao exame do inter-relacionamento das quatro peças-chaves do anterior esquema circulatório. Particularmente, desceremos à análise dos "polos" – "aparelho produtivo" e "famílias", indicando como seus traços mais característicos, institucionais e tecnológicos se acham refletidos nos fenômenos de mercado. Ao apontar a projeção da constituição interna dos polos sobre os fenômenos de mercado, marchamos para uma visão estruturalista da economia circulatória.

As famílias exercem, simultaneamente, os papéis de *consumidores* e *proprietários* dos fatores trabalho, terra e capital. É, no entanto, a título de proprietários de fatores (inclusive do "fator" trabalho) que os homens auferem os rendimentos que lhes facultam adquirir em mercado os produtos que lhes interessem. Por conseguinte, a capacidade efetiva de consumo está lastreada na posse dos fatores.[4] Assim, se quisermos estudar a composição do consumo, a "procura" de bens finais no mercado, devemos atentar, primeiramente, para as raízes do "poder de compra" que aí se manifesta. Esta análise revela a existência de certa relação entre o consumo de certos grupos de bens e a propriedade de certos fatores (tanto quantitativa quanto qualitativamente).

A correspondência assinalada se torna patente se distribuirmos os membros de uma coletividade em "classes" de renda – vinculada à propriedade de determinados fatores – e confrontarmos esta ordenação com uma divisão dos bens de consumo feita, *grosso modo*, segundo "necessidades" a que satisfaçam e preço de mercado. Assim, a "classe de baixas rendas" compreende a quase totalidade dos trabalhadores não qualificados, possui reduzida quantidade de terra e exígua fração do estoque de capital; a "classe média" é preponderantemente constituída de indivíduos habilitados para o trabalho qualificado e detém volume apreciável de recursos naturais e capital; à "classe de altas rendas" pertence a maioria dos bens de capital e vastos domínios territoriais. Por outro lado, consideremos que o conjunto de produtos consumidos por uma coletividade pode ser classificado em bens de "primeira necessidade", que fortemente contrastam com os "bens de fluxo", ficando entre os extremos os "bens intermédios". Torna-se, finalmente, plenamente constatável a referida correlação se adicionarmos que:

– o consumo da classe de baixas rendas se reduz aos produtos de primeira necessidade;

– os indivíduos de rendas médias, ainda que consumidores de parcela considerável de artigos de primeira necessidade, bem como de artigos de luxo, caracterizam-se, naturalmente, pelo consumo de bens de tipo médio;

---

4. Abstraímos da atuação de institutos de previdência, seguro social e demais organismos usualmente situados na órbita estatal, capazes de abrandar a estreita interdependência entre propriedade de fatores de toda ordem e nível de renda. Note-se que isto não nos distancia excessivamente da realidade de nossos países, onde a redistribuição de renda por meio dessas instituições não atinge maiores proporções.

– os artigos de luxo encontram seu grande mercado na classe de altas rendas.

Concluindo, convém acentuar que a associação apresentada entre a distribuição da propriedade dos fatores e a composição do consumo – mediante o conceito-ponte de classes de rendas – indica claramente que as "preferências" expressas pelos consumidores no mercado refletem, basicamente, os dados estruturais: distribuição por nível de qualificação da população economicamente ativa e estrutura de propriedade dos fatores capital e recursos naturais.

Deixando para o capítulo que analisa o fenômeno geral da repartição o desenvolvimento dos temas sobre distribuição da propriedade dos fatores e das rendas, atentaremos para a composição do consumo final do sistema.

Primeiramente, há de destacar um princípio de validade universal: quanto mais elevado o nível de renda médio de uma nação ou classe social, mais diversificado seu consumo (evidentemente, porque cobertas as necessidades ditas primárias, as demais "necessidades" ou desejos econômicos não atingem, em média, grande peso relativo na composição do consumo, que tende, pois, a multiplicar-se em novos bens e serviços). Tal afirmação se ilustra da maneira mais eloquente pelo confronto de dados referentes ao Equador e aos Estados Unidos.

COMPOSIÇÃO PERCENTUAL DO CONSUMO PRIVADO
(lares e instituições que não visam lucros)[*]

	Equador (1959)	EUA (1959)
Alimentos e bebidas	51,2	27,8
Roupas e objetos pessoais	14,1	10,6
Aluguéis e águas	9,6	11,2
Saúde, outros cuidados pessoais	5,3	6,1
Outros	19,8	44,3

* *Yearbook of National Accounts Statistics – 1963*

Vê-se, pois, que após satisfazer (embora de forma desigual) as necessidades básicas de seus cidadãos, a sociedade americana ainda tem quase metade de sua capacidade produtiva disponível para o atendimento de outros desejos, para a obtenção de uma variedade infindável de outros artigos capazes de satisfazer "necessidades" engendradas pela própria riqueza. A economia equatoriana contrasta com a norte-americana. As despesas de consumo de sua população excedem o atendimento de necessidades vitais em apenas 20%.

Foi dito *supra* que, tanto no caso de nações quanto no de extratos sociais, a diversificação do consumo acompanha o nível de renda. Assim, se estudássemos a composição do consumo de diversos grupos de renda, veríamos reproduzir-se o fenômeno da crescente variedade do consumo, no interior mesmo das economias norte-americana e equatoriana. Particularmente no caso desta última nação, veríamos que o item "outros" corresponderia quase exclusivamente a gastos de indivíduos da classe de altas rendas.

O critério da distribuição percentual dos gastos de consumo preside as pesquisas sobre "orçamentos familiares". Neste domínio, constatam-se algumas tendências – ditas "leis" de evolução do consumo – que nos revelam como, à medida que se altera o nível de renda, transforma-se a composição do consumo. Este tipo de análise reveste-se de grande significado, desde que se admita que os grupos familiares, ao terem seus rendimentos incrementados, reproduzem a estrutura de gastos estabelecida pelas famílias de nível de renda (anteriormente) superior. Tal tema se situa, contudo, no âmbito da teoria do crescimento e da programação do consumo.

A procura dos diferentes bens tem como contrapartida as respectivas ofertas que se originam no aparelho produtivo. Este apresenta uma estrutura complexa, não tendo senão uma de suas faces voltada para o suprimento do mercado onde comparecem os consumidores. Trata-se do conjunto de empresas que produzem bens e serviços de consumo. As transformações aí operadas são finalizadoras, sendo seu abastecimento de matérias-primas, produtos semiacabados etc. proveniente de "mercados intermediários". Com efeito, as transações efetuadas com insumos e equipamentos indicam a existência de mercados compreendidos no próprio seio do aparelho produtivo. Poderíamos sistematizá-los, mediante nova apresentação da estrutura do aparelho produtivo, compreendendo:

a) o já aludido setor produtor de bens e serviços de consumo, que estabelece o contato do aparelho com a massa dos consumidores;

b) o setor produtor de insumos, que os fornece a todos os demais;

c) o setor responsável pela produção de bens de capital.

Evidentemente, os dois últimos setores abastecem, cada um, a todos os demais (e a si próprio). As relações de intercâmbio assim estabelecidas definem a existência de "mercados de insumos" e "mercados de equipamentos". As inúmeras transações intermediárias, ditadas pelas necessidades de insumos e bens de capital, explicam a passagem de uma porção das receitas provenientes do mercado de bens e serviços finais para a retaguarda do aparelho produtivo.

As unidades produtoras atribuem, pois, dois destinos à receita que lhes chega e que direta ou indiretamente provém dos gastos de consumo da comunidade. Aplicam uma parcela no seu próprio abastecimento de insumos e na manutenção de seu equipamento e, paralelamente, distribuem rendimentos (correspondentes ao "valor agregado" por elas engendrado) aos responsáveis pelos fatores trabalho, capital e recursos naturais empregados. Enquanto este último tipo de pagamento deixa o aparelho produtivo incorporando-se à renda da comunidade, o primeiro é responsável pela ocorrência de uma circulação secundária no seio mesmo do polo produtivo. Na circulação interna do aparelho produtivo convém ainda distinguir dois circuitos. O primeiro resume-se na marcha do fluxo nominal que, proveniente do mercado final, segue as cadeias produtivas, financiando em cada estágio a aquisição dos ingredientes que alimentam os processos produtivos correntes (insumos de toda ordem). Em sentido contrário, evidentemente, avança o fluxo real, constando de artigos progressivamente elaborados. Finalmente, o outro circuito se relaciona com a saída de equipamentos do setor correspondente, tendo por contrapartida o respectivo financiamento.[5]

A contratação de fatores e a formação de rendas residuais (lucros) situa-se na origem dos fluxos de rendimentos que deixam o aparelho produtivo. Este necessita de fatores em dependência das funções de produção adaptadas nas empresas que os constituem (e do coeficiente de aproveitamento de sua capacidade instalada). Tais elementos definem, pois, a composição e escala da "procura" global de fatores.

---

5. Diferem em grande medida o significado e implicações do financiamento da produção corrente e da aquisição de equipamentos. Tal tema será objeto do capítulo dedicado aos fenômenos monetários e financeiros.

Aos requisitos fatoriais do sistema em sua totalidade contrapõe-se o dado eminentemente estrutural, a "constelação de fatores". Enquanto a demanda de fatores reflete, basicamente, a fisionomia tecnológica de sua estrutura produtiva (a qual, por sua vez, decorre do grau de desenvolvimento alcançado), a disponibilidade global de fatores vincula-se a dados histórico-geográficos. Assim, pois, de ambos os lados as forças que vêm ter ao mercado de serviços de fatores se amarram à configuração última do sistema.[6]

Mercados e preços

A demanda dirigida aos mercados se expressa por quantidades de moeda cedidas em troca de bens e serviços. A relação que precisa a quantidade de unidades monetárias que se deve despender na obtenção de uma unidade de determinado produto se denomina *preço*. Vistos sob o prisma de análise circulatória, os preços são, pois, coeficientes individuais de conversão de um fluxo nominal genérico, por outro, "real", específico.

Aos preços cabe, justamente, compatibilizar as correntes reais e nominais (de oferta e procura) referentes a cada artigo trazido a mercado. Um sistema econômico que pretendesse dispensar os preços teria de racionar a entrega de todos os produtos (excetuando-se os que fossem gerados em tal quantidade, que se tornassem bens "livres") à comunidade, por meio de um complexo sistema de quotas. Vistos sob este prisma, os preços cumprem, pois, uma função de rateio, de adequação do ofertado ao demandado. Este rateio, este ajuste do produzido ao "procurado", quando promovido pelo sistema de preços, não considera o grau em que se manifestam as necessidades ou desejos humanos; confrontam-se a busca de lucros por parte de empresários e o poder econômico dos solicitantes.

---

6. Avançando um passo mais no tipo de análise desenvolvida neste tópico, poderíamos lembrar que o dado institucional estrutura de propriedade, cujos reflexos já presenciamos no mercado de bens de consumo, também afeta a oferta de trabalho no mercado de serviços de fatores. Com efeito, um alto grau de concentração da propriedade, por exemplo, ao provocar enormes disparidades de níveis de renda, repercute necessariamente sobre os padrões de cultura e saúde – e, por conseguinte, de qualificação e habilitação para o trabalho – dos estratos sociais desfavorecidos.

Sem pretender esboçar ou sugerir sequer uma teoria explicativa de sua determinação, devemos, pelo menos, indicar o que está, de forma mais evidente, "por trás" dos preços de mercado.[7]

Numa primeira aproximação, o elemento que de forma nítida se relaciona com a escala de preços do mercado é a escala dos "custos unitários" de produção.

Para atingir este último conceito, convenhamos, primeiramente, que o "custo global" de uma empresa, durante um período de tempo, resulte da totalidade de gastos efetuados, quer por aquisição de insumos, quer pela contratação corrente de fatores produtivos. Pois bem, o *custo unitário* ou "médio" de obtenção de um bem ou serviço será determinado pela divisão do custo global pelo número de unidades produzidas.

Com base na hipótese da concorrência perfeita entre unidades produtoras, a teorização acadêmica supunha, até poucas décadas atrás, que, a par de perturbações superáveis em curtos períodos, "tendiam" os preços de mercado a coincidir com os custos unitários de produção. Posteriormente, um maior grau de realismo foi introduzido na chamada teoria dos preços, que passou a admitir a existência de diferentes formas e graus de "imperfeição" no regime de concorrência. Atualmente é, em regra, admitido que a distância mantida entre o preço de venda e o custo unitário depende do poder econômico da empresa produtora, capaz, em maior ou menor grau, de impor condições a seu mercado consumidor, aos fatores contratados, de excluir competidores etc. Naturalmente, a par dos lucros decorrentes do relativo controle das condições de mercado, subsistem situações em que se manifestam lucros extraordinários, resultantes de "perturbações" ocorridas, quer nas condições de oferta,[8] quer nas de demanda. Neste caso, a diferença verificada entre preços de venda e custos de produção não tem, porém, como manter-se e vários ajustes subse-

---

7. O processo de determinação de preços, sob diversas condições de mercado, é tema central de inúmeras obras acadêmicas. Tais preocupações fogem, entretanto, ao âmbito e metodologia deste trabalho.

8. Por exemplo, uma queda, devido a intempéries, na colheita de certo produto possibilita, via alta de preços e custos inalterados, a obtenção de elevados lucros para os produtores das zonas não afetadas.

quentes (retorno à "normalidade" por parte da demanda e/ou adaptação às novas condições por parte da oferta) tendem a comprimi-la, aproximando-a dos padrões vigentes na economia.[9]

Sabemos que as unidades produtoras não apenas se alimentam de insumos e repõem o capital depreciado como contratam fatores. Esta última operação corresponde, em última análise, à aquisição dos "serviços" – ou do direito de uso – dos fatores capital, recursos naturais e trabalho. Concluímos, pois, que salários, juros, aluguéis etc. se assemelham a "preços" pagos pelas empresas aos responsáveis pelos fatores. A procura e oferta de fatores são, por vezes, esquematizadas e apresentadas como determinantes das taxas de remuneração dos fatores. Trata-se de um estéril esforço de simplificação de fenômenos extremamente complexos. Na vida real, as taxas de remuneração fatoriais resultam da pressão de forças e elementos que ultrapassam o universo econômico *stricto sensu* (tais como legislação social, atuação dos sindicatos, decisões acerca de salário mínimo, política monetária, fiscal etc.).

Os agentes econômicos dos dois polos são capazes, por suas resoluções, de alterar a marcha e a composição dos fluxos. Assim, organizadores da produção podem decidir abandonar um tipo de produto por outro, transformar suas funções de produção etc. Por outro lado, está na alçada das famílias, dado seu nível de renda e sujeitas a influências de várias forças, abandonar, por exemplo, o consumo de determinado bem, deslocando seu poder aquisitivo para outro, novo, de maiores atributos etc.

Precisamente um dos capítulos em que mais se diferencia a teoria econômica assentada antes da Primeira Guerra Mundial, das posições que se vão consolidando na atualidade, é o referente à interação empresas-preços-consumidores. Outrora se pensava serem os desejos dos consumidores livremente expressos em mercado, que indi-

---

9. Não somente o poder monopolístico, com suas diferentes gradações, é objeto de análise nos estudos contemporâneos da formação dos preços como também as implicações de certos instrumentos de política econômica, do poder dos sindicatos etc. Conclui-se, à base de tais informações, que uma teoria atualizada não pode constituir-se de mero exercício de manipulação dos postulados da livre competência, dos conceitos de prazo curto, médio e longo etc.

cam ao aparelho produtivo o que e quanto produzir. As preferências dos consumidores, deslocando-se de certos produtos para outros, engendrariam baixas e altas de preços que induziriam o desinteresse por determinados ramos produtivos e a expansão das atividades recém-privilegiadas pelo desejo soberano dos consumidores (o elemento por meio do qual as alterações de preços sensibilizam os produtores é, naturalmente, a taxa de lucro).

Segundo aquela ordem de ideias, o mercado, onde se movem os preços, indicando as oportunidades mais lucrativas, atua, pois, como um sistema que emite sinais a um aparelho produtivo dócil e flexível. Os produtores, muitos e de pequeno porte, disciplinados pelo regime concorrencial, nada impõem aos mercados. Pelo contrário, obedientes aos desejos da comunidade, empregam seus recursos onde forem mais solicitados, havendo pois, à primeira vista, pelo menos, um sistema ideal de consignação de recursos, "o mecanismo de preços relativos".

Na atualidade, prossegue o mecanismo de preços como orientador último das decisões tomadas pelo setor privado. Cada produtor se encontra, como outrora, envolvido por um colar de preços (incluindo os de seus insumos, as taxas de remuneração dos fatores, os preços de artigos que substituem ou complementam os que ele próprio produz etc.) e atento a suas alterações relativas.[10] Apenas, não mais se trata de pequenos e inúmeros produtores disputando concorrencialmente fatias de um mesmo mercado. Em muitas áreas, surgiram gigantes econômicos que controlam tanto a produção como os preços e até a procura, pela propaganda. Ao invés, por conseguinte, de se submeterem aos desejos da comunidade, traduzido por alterações de preços, decidem-nas eles mesmos e, quando necessário, forjam os próprios desejos dos consumidores. Por outro lado, afirmou-se nas esferas produtivas a presença do Estado, que, movido por outros propósitos

---

10. Note-se que somente as alterações relativas de preços afetam o interesse dos agentes econômicos, já que uma modificação paralela de todos os preços, taxas etc. – se possível –, por não encarecer ou baratear particularmente qualquer bem ou serviço, não toca os planos das empresas (e dos consumidores).

além do lucro, aciona seus recursos com certa independência em face dos movimentos de preços.

Assim, na atualidade, inverteu-se e em certa medida indeterminou-se a relação de dependência entre o fluxo de demanda e sua contrapartida, o fluxo real, proveniente do aparelho produtivo. Não são mais as decisões tomadas no polo das famílias que orientam a máquina produtiva do sistema. Os preços e suas alterações passaram a decorrer, em muitos casos, do arbítrio das macrounidades produtoras. Em suma, constata-se grande perda de terreno do sistema de preços como *orientador* das atividades econômicas; mantém-se, contudo, intacto seu papel fundamental de *mecanismo de ajuste* entre o produzido e o solicitado. À medida que a primeira tendência se consolida, o funcionamento da economia perde o automatismo que a caracterizara, substituído por um jogo de pressões e acordos típicos da vida econômica atual.

ESQUEMA CIRCULATÓRIO I

GRÁFICO III

A circulação, segundo o modelo proposto no presente capítulo, apresenta dois polos: o aparelho produtivo e as famílias.

O aparelho produtivo, que, por um lado, é responsável pela geração do fluxo real (composto dos bens e serviços a...j...n), por outro, dá origem ao fluxo nominal ao contratar o emprego de homens e a utilização de capitais e terras. Os "serviços" dos fatores produtivos têm por contrapartida os juros (j), aluguéis (r), salários de pessoal qualificado (S_1) e não qualificado (S_2) – estabelecidos no "mercado de serviços de fatores" – que vão ter com os proprietários de fatores. Estes, a título de consumidores, dirigem-se ao mercado em busca dos bens e serviços de consumo a...j...n. Ao adquirir pelos preços $p_a...p_j...p_n$ os artigos que integram o fluxo real, os consumidores devolvem ao aparelho produtivo o fluxo nominal que lhes chegou, a título de proprietários de fatores. O fluxo nominal, uma vez reintroduzido no aparelho produtivo, circula entre empresas em virtude de suas transações com insumos e bens de capital.

ESQUEMA CIRCULATÓRIO II

GRÁFICO IV

Reproduz a estrutura do esquema precedente, desdobrando, contudo, o significado e a composição de seus elementos básicos.

O aparelho produtivo apresenta-se fracionado em três setores que, respectivamente, produzem bens e serviços de consumo, insumos e bens de capital.

O setor responsável pela produção de artigos de consumo estabelece o contato do aparelho produtivo com o mercado de bens e serviços. A receita por ele arrecadada ($\sum p_i q_i$) – corresponde ao gasto das famílias – financia o funcionamento do universo de empresas que integram o aparelho produtivo. Mais precisamente, a massa de recursos arrecadada em mercado, subtraídos os rendimentos devidos a fatores pelo setor produtor de artigos de consumo, é levada à retaguarda do aparelho produtivo, mediante aquisições de insumos e equipamentos.

Os três setores empregam combinações típicas de trabalho, capital e recursos naturais – macrofunções de produção –, as quais estabelecem, *grosso modo*, em que proporções a renda gerada pelo aparelho produtivo se distribui entre proprietários de fatores. Os lucros, na medida em que determinados por condições outras que não as macrofunções (por exemplo: poder monopolístico), surgem, graficamente, à parte dos demais tipos de remuneração.

Quanto ao polo "Famílias", nele são sugeridas uma estrutura de propriedade de fatores (por "classes" de renda") e uma possível composição do consumo das famílias (também por "classes" de renda).

As abreviaturas empregadas são as seguintes:

R.Pr.	– Rendas de propriedade
R.Tr.	– Rendimentos do trabalho
TRQ	– Trabalho qualificado
TRNQ	– Trabalho não qualificado
K	– Capital
RN	– Recursos naturais
A, M e B, respectivamente	– Classes de altas, médias e baixas rendas

Bens/Prim. Necs.	– Bens de primeira necessidade
BSC	– Bens e serviços de consumo médio
BSC Luxo	– Bens e serviços de consumo luxo

As famílias levam a mercado o fluxo nominal (seta tracejada), que, sob a forma de dispêndio líquido (Y), adquire os artigos ofertados pelo aparelho produtivo.

O dispêndio líquido das famílias corresponde ao total de rendimentos originados no aparelho produtivo, daí a identidade:

Dispêndio líquido = Y = renda ao custo dos fatores.

ESQUEMA CIRCULATÓRIO – Gráfico III

MERCADO DE BENS E SERVIÇOS DE CONSUMO

Fluxo real

Fluxo nominal

SISTEMA DE PREÇOS

APARELHO PRODUTIVO

OFERTA DE BENS E SERV/CONS

PROCURA DE BENS E SERV/CONS

FAMÍLIAS

Transações entre empresas

CONSUMIDORES

PROPRIETÁRIOS DE FATORES

MERCADO DE SERVIÇOS DE FATORES

SERVIÇOS CONTRATADOS

A CIRCULAÇÃO NO SISTEMA ECONÔMICO – GRÁFICO IV

Capítulo IV
RELAÇÕES COM O EXTERIOR

*O significado das relações econômicas externas,
suas modalidades*

Até o presente, focalizamos o sistema econômico em suas características fundamentais, abstraindo-nos da existência de outros sistemas. Trata-se, agora, de admitir e analisar algumas das consequências acarretadas pela coexistência e pelo intercâmbio econômico de diversos sistemas.[1] Na medida do possível, procurar-se-á ainda ignorar a existência de um setor público diferenciado das demais partes do sistema.

Mediante trocas externas, as diversas economias funcionam de maneira a complementar-se, cabendo a cada uma produzir em excesso, sobre sua utilização ordinária, certos bens e serviços que são trocados por produtos de que carece e que, por sua vez, correspondem a sobras relativas de outras economias. A primeira implicação do comércio internacional é, pois, que o fluxo real proveniente do aparelho produtivo em cada sistema isolado não mais terá de refletir os requisitos da demanda interna. Produzem-se certos artigos além do correspondente à utilização interna, outros não se produzem ou são obtidos em montante insuficiente – as trocas internacionais constituem o mecanismo indireto de ajuste.

Procurando simplificar a exposição que se segue, analisaremos as implicações mais relevantes do comércio internacional, vistas por meio de um determinado sistema econômico e reunindo todos os demais sob a denominação resto do mundo.

---

1. Em terminologia econômica passamos, a seguir, à análise de um "modelo aberto".

Daremos início a este capítulo pela consideração dos fluxos de maior relevância nas relações econômicas internacionais, as *exportações*, de que se valem, basicamente, as economias para financiar suas *importações*.

O fluxo de importações não resulta de esforço produtivo interno, o que atribui ao sistema certo grau de liberdade diante das características específicas de seu aparelho produtivo. Disso se valem as economias, orientando a composição de suas importações no sentido de abastecer, em caráter complementar, sua produção corrente (importação de insumos), diversificar seu consumo e ampliar o montante de equipamentos disponíveis para a formação de capital. É lícito, pois, concluir que as importações constituem um heterogêneo caudal de bens e serviços, cuja constituição – variável no tempo – reflete as cambiantes necessidades ditadas pela evolução interna dos sistemas.

Exportar, em contrapartida, é remeter para o resto do mundo os excedentes relativos de certos bens e serviços engendrados internamente. O montante e a composição das exportações têm suas raízes na estrutura do aparelho produtivo interno; sua motivação e destino encontram-se na demanda externa. Movimentos de expansão, retração ou transformação desta última variável (dita exógena) têm por efeito impulsionar, deprimir ou, possivelmente, induzir transformações no setor exportador da economia. Assim, enquanto as importações acompanham as transformações que se processam na fisionomia do aparelho produtivo, as exportações estão atreladas à evolução da procura externa – o que nos traz ao limiar de alguns dos mais graves problemas enfrentados pelas nações em processo de desenvolvimento econômico. Posteriormente, esta questão será reaberta.

O significado e a localização no processo produtivo dos artigos procedentes ou enviados para o exterior podem ser sinteticamente retratados por uma matriz insumo-produto modificada.

O resto do mundo opera, efetivamente, como fonte adicional de bens e serviços, o que justifica a inclusão de uma linha horizontal na qual se registram as importações segundo seu destino: insumos e usos finais. Por outro lado, a parcela da produção interna remetida para o exterior surge como um novo tipo de utilização final, que justifica a inserção da coluna Exportação no campo B da matriz.

	UTILIZAÇÃO INTERMEDIÁRIA				UTILIZAÇÃO FINAL				PBT e Importações
	Primário	Secundário	Terciário	Total Produção intermediária	Consumo	Capital	Exportação	Oferta final	
Primário									
Secundário									
Terciário									
Importação									
TOTAL								PBI + M	*

* Notar que ao final desta coluna se registra o conceito mais amplo de fluxo real, pois aí estão totalizados os bens e serviços que surgem no sistema com qualquer destino (intermediário e final) e qualquer procedência (nacional e estrangeira).

Em síntese, a matriz apresenta as relações comerciais com o exterior, reduzidas por um lado a uma corrente de insumos, bens e serviços de consumo e de capital, oriundos do resto do mundo, e, por outro, a um fluxo de bens que, produzidos internamente, a ele se destina.

O dispositivo acima se presta muito bem à apreciação das implicações do intercâmbio externo tomado sob vários ângulos:

– a distribuição interna dos insumos de procedência externa e seu peso relativo nos setores importadores (nas respectivas colunas) revela o grau de dependência externa de cada tipo de atividade. Este tipo de dependência supõe certa maturidade (complexidade) do aparelho produtivo, pois indica sua aptidão para assimilar bens, integrando-os em processos produtivos que prosseguem sua elaboração até a obtenção de bens finais;

– a importação em larga escala de artigos terminados de consumo, em contraposição, é característica de nações atrasadas que trocam produtos primários por artigos manufaturados;

– a importação de equipamentos, conjugada com a formação interna de capital, vem compor o montante de bens destinados à ampliação da capacidade produtiva da economia. Nos países subdesenvolvidos, em face da industrialização, esse item assume fundamental importância;

– quanto às exportações, transparece, desde logo, a importância das compras externas como geradoras de renda e determinantes do nível de atividade do setor para elas voltado (e por contágio dos demais setores da economia, em dependência do peso relativo do setor exportador e da facilidade com que se propaguem suas alterações).

Com a abertura do sistema, a equivalência fundamental entre o disponível para as várias utilizações econômicas e o demandado pela economia como um todo reconstitui-se da seguinte maneira: *a oferta final* (O_t) é constituída do produto (P) e das importações (M); a *demanda final* (D_t) soma o consumo (C), a inversão (I) e as exportações (X):

$$O_t = P + M = D_t = C + I + X$$

Consideradas as importações e exportações, infere-se, pois, uma nova definição para o produto de uma economia:

$$P = C + I + X - M$$

Ou seja, o produto – a produção sem duplicações – torna-se igual à soma dos bens e serviços destinados a consumo, inversão e exportações, deduzidas as importações.

Até o presente, limitamo-nos a focalizar o comércio internacional de bens e serviços, o qual engloba mercadorias propriamente ditas e serviços internacionais do tipo transportes, seguros, serviços bancários, comerciais etc. Cumpre adicionar duas outras ordens de relações econômicas externas, a saber: as transferências de capitais financeiros e o consequente trânsito de rendimentos (ditos "serviços" de fatores).

– Os movimentos internacionais de capitais implicam, antes de mais nada, a alteração dos direitos e obrigações, ou seja, o estado patrimonial das nações em causa.

Uma entrada de capitais, por exemplo, acarreta um acréscimo das obrigações da nação receptora para com o resto do mundo, ou uma diminuição dos haveres da nação no exterior (retorno de capitais). Em contrapartida, as saídas de capital significam uma diminuição das obrigações externas ou um acréscimo dos haveres no resto do mundo.

As operações intituladas "movimentos de capitais" são de grande heterogeneidade, havendo de distinguir, pelo menos, a diversidade de natureza e implicações dos chamados *capitais de risco* e de *empréstimo*.[2]

Os capitais ditos de risco chegam à nação sob a forma de investimentos diretos e resultam na constituição de empresas de propriedade estrangeira. Tal fato introduz na nação um fenômeno de consequências econômicas e extraeconômicas: o controle, por empresas estrangeiras, de uma parcela dos fatores operantes no sistema.

As unidades produtoras diretamente montadas a partir de inversões externas participam do processo produtivo global e a este título geram rendimentos de diversos tipos. Uma fração das rendas assim surgidas reverte para o resto do mundo a título de lucros, *royalties* etc.

---

2. Fazemos menção especialmente a movimentos de capitais a longo prazo.

Quanto aos capitais de empréstimo, não alteram diretamente o regime de propriedade interna de fatores. Mediante tais operações, o sistema (por meio de suas instituições como governo, bancos de desenvolvimento etc.) se endivida, concedendo ao exterior títulos de crédito. Na atualidade, os empréstimos externos são usualmente outorgados por organismos internacionais, como o Banco Internacional de Reconstrução e Fomento, o Banco Interamericano de Desenvolvimento etc. e outros bancos, como o Eximbank e demais organismos que financiam as exportações em países industriais.

Ao lançar mão de empréstimos externos, o sistema compromete-se a pagar certa taxa de juros e ainda a, parceladamente, devolver o principal. Assim, se computarmos os empréstimos outorgados e subtrairmos o cancelamento por amortizações, teremos a entrada líquida de capitais de empréstimo num período dado – sobre a qual a nação deverá pagar juros em períodos subsequentes.

O montante acumulado dos empréstimos obtidos e não amortizados precisa, num certo momento, a dívida externa da nação.

O ingresso líquido de capitais de risco (entradas menos saídas) adicionado à obtenção líquida de capitais de empréstimo no exterior (obtenção de novos empréstimos menos amortizações das dívidas preexistentes), por sua vez, indica o montante de capitais de procedência externa absorvidos por uma nação num período dado.[3]

Pelo exposto até o presente, torna-se patente que fomos levados a empregar o termo "capital" numa nova acepção, que transgride o conceito inicialmente apresentado de capital como fator de produção. Esta impropriedade dificulta o entendimento da relação entre o ingresso de capitais (no sentido nominal, financeiro) e a entrada de equipamentos e demais bens vinculados à manutenção e ampliação do estoque interno de fator capital. Nem todo trânsito de "capitais" tem a ver com a efetiva assimilação de bens de capital por parte da nação; por outro lado, a importação de bens de capital por entidades nacionais, financiada por exportações correntes, nada tem a ver com os chamados movimentos de "capitais". Presta-se à ilustração do pri-

---

3. As estatísticas latino-americanas tratam os lucros reinvestidos por companhias estrangeiras como saídas e tornam a incluí-los sob forma de novas entradas de capital estrangeiro no mesmo período.

meiro caso o financiamento externo da aquisição de trigo, caso em que, de maneira flagrante, à entrada de "capitais" de empréstimo não corresponde formação interna de capital.[4] Quanto ao segundo caso, referimo-nos, por exemplo, à exportação de café, cuja receita de cambiais propicia a aquisição de equipamentos, peças etc. que irão incorporar-se ao estoque de capital da economia. O resto do mundo funciona, no caso, meramente como fonte tecnologicamente qualificada para a produção de certos equipamentos – não havendo, pois, trânsito de "capitais".

O ingresso de capitais de risco, a conquista de créditos internacionais e, ainda, a obtenção de capitais de empréstimo expressamente obtidos para a cobertura de *deficits externos* – ditos "capitais compensatórios" – definem um montante global de recursos absorvidos sob a denominação genérica capitais. Estes, se por um lado incrementam, momentaneamente, a capacidade genérica de importar, por outro acarretam uma remessa subsequente de rendimentos para o resto do mundo.

Antes de tomar a modalidade de relação externa, que consiste no tráfego de rendimentos fatoriais, devemos assinalar a existência de uma relação econômica internacional, de caráter extraordinário e que assumiu grande importância para várias nações em determinados momentos históricos. Referimo-nos aos movimentos migratórios e à simples contratação de mão de obra estrangeira. Trata-se de uma forma notória de transferência internações de potencial produtivo. Assim como os capitais de risco ou empréstimo sediados no exterior ocasionam remessas internacionais de rendimentos, também os operários e técnicos estrangeiros remetem rendimentos para os países de origem. Tais remessas, tomadas conjuntamente, precisam os fluxos de renda em trânsito entre os sistemas.

---

4. Uma das premissas menos realistas do pensamento acadêmico é a da perfeita mobilidade de fatores. Se tal se desse, poder-se-ia contra-argumentar que o excesso de importações sobre exportações, permitido pelo financiamento externo, ainda que se traduzisse numa entrada adicional de bens de consumo, levaria a uma maior formação de capital, já que os fatores internos, aliviados no esforço produtivo daqueles bens, possivelmente voltar-se-iam para a produção de bens de capital. Na atualidade, contudo, nem as economias desenvolvidas, dotadas de estruturas mais flexíveis, apresentam elevado grau de mobilidade fatorial. Quanto às nações subdesenvolvidas, tipicamente, os fatores aí se apresentam com reduzidíssima mobilidade.

Em cada ciclo anual são, pois, efetuados e percebidos pagamentos externos a título de juros, lucros, *royalties* e mesmo salários. Em consequência, a renda bruta interna, que consiste no resultado líquido da operação das unidades produtoras de toda espécie instaladas na economia, pode ser reduzida ou acrescida pela vazão ou adição de rendimentos externos. Faz-se, por conseguinte, necessário distinguir entre a renda gerada no território de uma nação e a renda propriamente denominada nacional. Passa-se do conceito de renda interna ao de renda nacional, somando-se os rendimentos recebidos do resto do mundo, correspondentes a fatores de propriedade nacional, residentes no exterior, e subtraindo-se os rendimentos remetidos para o exterior por proprietários estrangeiros de fatores residentes na nação. O saldo resultante da remessa e do recebimento de rendas externas é denominado renda líquida do exterior.

SALDO DOS RENDIMENTOS RECEBIDOS E REMETIDOS PELA
AMÉRICA LATINA
(Médias anuais em milhões de dólares)

	1955-59	1960-64	1965	1966
Argentina.................	– 24	– 80	– 53	– 152
Brasil....................	– 133	– 182	– 259	– 284
Chile	– 68	– 87	– 118	– 189
México	– 136	– 244	– 339	– 373
Venezuela	– 684	– 603	– 706	– 682
Total para a América Latina	– 1.190	– 1.409	– 1.783	– 2.048

Cepal – *Estudo econômico para a América Latina*, 1968.

A renda líquida do exterior constitui para certos países considerável drenagem sobre a massa de rendimentos gerados internamente.[5] Mesmo que este item não atinja maior significado quando em confronto com a renda nacional, pode, no entanto, comprometer uma parcela substancial do valor das exportações – o que comprime, em princípio, a capacidade de importar da economia.[6] A soma da renda líquida do exterior com o valor (líquido) das amortizações a serem

---

5. No caso da Venezuela, a saída líquida de rendimentos compromete cerca de 10% da renda interna.
6. *Vide* adiante o conceito de capacidade de importar.

anualmente pagas totaliza o volume de pagamentos que o país deve realizar por haver absorvido capitais em períodos anteriores. Entre 1955 e 1966, o valor das exportações latino-americanas aumentou a uma taxa média anual de 3,9%. No mesmo período, o total de lucros, juros e amortizações remetidos pela América Latina cresceu a 8,9% anualmente. Como consequência desse crescimento das obrigações e remessas a um ritmo superior ao das exportações, os pagamentos derivados da absorção de capital passaram a corresponder, em 1966, a 35% do valor das exportações.[7]

As relações externas e o funcionamento das economias

Na introdução a este capítulo, acenamos com o significado genérico da assimilação de bens e serviços de procedência externa.

Posteriormente, classificamos e analisamos sumariamente as modalidades de relações econômicas internacionais. A seguir, retomaremos, em maior profundidade, as implicações do intercâmbio externo, ressaltando seu papel na dinâmica do sistema.

De início, tratemos de considerar as exportações e seu papel na vida econômica do sistema. Sabemos já que o montante de renda engendrado pelas exportações deriva da demanda externa. Em consequência, o quinhão da renda nacional, que assim se forma, fica na dependência de uma variável exógena.

As nações hoje ditas subdesenvolvidas tinham, até recentemente, sua vida econômica inteiramente dependente da demanda externa de produtos primários. Enquanto em seu interior regiões inteiras permaneciam entregues ao marasmo da economia de subsistência, o setor exportador recebia os estímulos provenientes do mercado internacional, logrando, em muitos casos, razoável ritmo do crescimento. Para que a expansão assim iniciada realmente prossiga, deslocando-se a economia como um todo, na senda do desenvolvimento são necessárias duas condições mínimas: primeiramente, que se mantenha em marcada expansão a demanda externa pelos produtos típicos das regiões subdesenvolvidas, e, em segundo lugar, que o setor ex-

---

7. Cepal – *Estudo econômico para a América Latina,* 1968.

portador se mostre capaz de irradiar internamente os frutos de seu *progresso*. Historicamente se constata que ambas as condições deixaram de verificar-se: por um lado, a demanda externa de produtos primários (com a exceção notória do petróleo e de seus derivados) vem se expandindo a um ritmo lento;[8] e, por outro, os setores exportadores dos países subdesenvolvidos mantiveram-se (salvo quando pressionados por crises agudas dos mercados internacionais) em grande medida alheios à vida econômica das demais regiões de seus países.

A relativa estagnação da demanda de produtos primários combina-se com a maior capacidade das economias maduras para reter os frutos de seu progresso técnico (impedindo que ele se traduza em baixa de preços), provocando ambos os fatores uma tendência secular a que os preços dos produtos exportados pela periferia subdesenvolvida se deteriorem, em face dos preços dos artigos manufaturados.[9]

O índice por meio do qual se registra este fenômeno é denominado "relação de trocas". Trata-se, em suma, de um coeficiente que compara os preços médios dos produtos exportados e importados:

---

8. A rigor, o comércio internacional como um todo vem se desacelerando (crescendo gradualmente menos) desde a segunda metade do século XIX. No caso dos produtores primários, contudo, o problema tornou-se particularmente grave, dado que as exportações mundiais de seus produtos perderam gradativamente terreno no todo das trocas internacionais. O quadro a seguir prova isso.

Crescimento do volume do comércio mundial		
1850-1880	1880-1913	1928-1958
270%	170%	57%

Participação percentual dos países não industriais no valor do comércio mundial (excluídos os exportadores de petróleo)		
	1928	1957
Exportações	32,2	24,4
Importações	26,9	30,4

RAGNAR NURKSE, *Modelos de comércio e desenvolvimento*.

9. A análise desses e de outros fatores que compõem a tendência à deterioração da relação de trocas consta, por exemplo, de *El desarrollo económico de América Latina y sus principales problemas*, Raul Prebisch, 1949.

$$I_{RT} = \frac{I_{px}}{I_{pm}} \, 10$$

A repercussão da tendência evolutiva deste índice sobre o poder de compra externo das economias é visível; sua queda, por exemplo, implica que em troca de um mesmo volume de exportações a nação não mais consegue obter o mesmo volume de importações. Infere-se, pois, que a efetiva capacidade de financiar importações por parte das exportações depende de seu volume e da evolução da relação de trocas.

O poder aquisitivo externo de uma nação, sua capacidade global de financiar importações, resulta da composição de vários elementos anteriormente apresentados, segundo as operações abaixo especificadas:

poder de compra das exportações =
= volume das exportações X índice de relação de trocas

capacidade de importar =
= poder de compra das exportações
+ afluência de "capitais" estrangeiros
– remessa de lucros e juros
– saídas de capital estrangeiro

À luz desta fórmula, torna-se evidente que se o ingresso de capitais tem por efeito imediato a ampliação da capacidade para importar, a deterioração das relações de troca age em sentido contrário, mediante a compressão do poder de compra das importações. A queda ocorrida no IRT de 1950/54 a 55/60 impôs à América Latina uma perda de aproximadamente 7.400 milhões de dólares. Ora, dado que no período 1955/60 a entrada líquida de capitais externos neste continente foi de cerca de 7.700 milhões de dólares, constata-se que a perda de capacidade de importar, resultante da evolução prejudicial dos

---

10. Síntese de seu processo de elaboração: Do conjunto de bens importados são extraídas, para vários anos, médias ponderadas de preços (em dólares, ou outra moeda forte); tomando-se um ano por base, constroem-se os denominados "Índices de preços de importação". Se, por um processo análogo, se obtiver o "Índice de preços de exportação" e se dividir este por aquele, obtém-se o quociente denominado "Relação de trocas".

preços, praticamente anulou todo o efeito positivo que a absorção de capital externo poderia ter sobre a capacidade das nações latino-americanas de financiar suas importações.[11]

Localizadas as variáveis que condicionam a capacidade de importar, chega-se, pois, à determinação do volume de bens e serviços que pode uma nação assimilar num período dado. A comparação do montante de importações com o produto nacional de um país indica, *grosso modo*, o grau em que o mesmo se encontra integrado no mercado internacional e se expressa pelo que poderíamos denominar "coeficiente de abertura externa". A comparação das importações com o produto acusa resultados sumamente distintos, como aponta o quadro abaixo.[12]

> Noruega 41,8%
> Bélgica 30,4%
> Portugal 24,6%
> Reino Unido 20,0%
> Estados Unidos 4,6%
> Índia 7,8%
> Brasil 7,5%

Tais coeficientes indicam que os países tendem a se integrar no mercado internacional na razão inversa de suas dimensões. As razões são óbvias para que um país pequeno e altamente industrializado, como a Bélgica, participe intensamente no mercado internacional; a escassa variedade de recursos naturais ali existentes é por si incompatível com as solicitações tão volumosas quanto diversificadas de sua madura economia.

Nas condições em que se vem afirmando a industrialização em certas nações subdesenvolvidas (algumas nações latino-americanas servem de exemplo a este propósito), o desenvolvimento é acompanhado de uma diminuição da participação do exterior no funcionamento das economias. É, aliás, entre outras razões, para superar o pouco dinamismo a longo prazo e compensar as violentas contrações

---

11. Veja-se a propósito "El financiamento externo de América Latina", Cepal, 1964.
12. *Yearbook of national accounts statistics*, 1961.

por ocasião das crises internacionais da capacidade para importar que os países exportadores de produtos primários são levados à industrialização.

Um novo passo na caracterização do desempenho do setor externo resulta do exame da composição qualitativa das trocas internacionais. Fica, então, evidenciado o fenômeno da especialização das nações e grupos de nações, consubstanciada na chamada "divisão internacional do trabalho".

O quadro abaixo fornece uma mostra da marcante divisão das atividades econômicas mundiais no ano de 1928.

		Importação	Exportação
Estados Unidos	Produtos alimentícios	25	15
	Matérias-primas	50	43
	Produtos manufaturados	25	42
Reino Unido	Produtos alimentícios	45	11
	Matérias-primas	33	14
	Produtos manufaturados	22	75
América Latina (países "mineiros")	Produtos alimentícios	15	13
	Matérias-primas	19	85
	Produtos manufaturados	66	2
América Latina (países prod. agrícola)	Produtos alimentícios	24	80
	Matérias-primas	12	18
	Produtos manufaturados	64	2

Extraído de *Économie politique*, Raymond Barre, p. 470, t. II.

Assim, vemos que aos centros industriais cabia prover de manufaturas uma periferia que o alimentava em produtos primários. Esta concentração das atividades econômicas, segundo supostas "aptidões naturais", outrora celebrada pela doutrina da divisão internacional do trabalho, é hoje fortemente combatida pela quase totalidade das nações subdesenvolvidas, levadas a industrializar-se, como foi aludido, pelas crises do mercado internacional, pelas desvantagens crônicas que acompanhavam as trocas de produtos primários por indústrias e, enfim, pela vontade política de alcançar a independência econômica.

Na atualidade, não mais se pretende que o papel assumido por uma nação subdesenvolvida, como fornecedora e compradora do mercado internacional, reflita sua "vocação" econômica. Antes, pelo contrário, reflete os problemas de certa fase de seu esforço de desenvolvimento. Serve, mais precisamente, para diagnosticar a etapa atingida em seu esforço de industrialização.

A industrialização em curso em muitos países subdesenvolvidos não vem se refletindo, paralelamente, sobre as pautas de importação e exportação. Só a primeira, ao especificar as necessidades cambiantes de uma economia em transformação, denuncia as etapas do desenvolvimento. As exportações mantêm sua composição típica de produtos primários, não conseguindo os artigos manufaturados de nações de industrialização recente ingressar no mercado externo.[13]

Afirmamos que a composição das importações é um indicador relativamente seguro da etapa em que se encontra o processo de desenvolvimento das nações adolescentes. Tentamos, a seguir, esquematizar as relações "pauta de importações/grau de industrialização".

Nos primórdios do desenvolvimento, há um inequívoco predomínio de produtos finais entre os artigos vindos do exterior. A economia cresce, ou não, em decorrência da procura dos produtos que exporta e, quando cresce, a renda em expansão, em boa medida, se filtra para o exterior, quer sob a forma de aquisição de mais bens de consumo, quer por meio da ampliação das remessas de lucros e dividendos por parte de companhias controladoras das atividades primárias.

Posteriormente, iniciada a industrialização, ganham importância crescente as importações de insumos e bens de capital. Na medida em que avança a industrialização, não apenas se comprime a importação de artigos de consumo como, progressivamente, se passa da importação de insumos, já parcialmente elaborados, à aquisição de produtos em estado mais bruto.

Finalmente, as economias maduras possuem grande diversificação industrial e tendem a importar matérias-primas (sem qualquer elaboração), produtos alimentícios inacessíveis às suas condições de solo e clima, bem como grande variedade de artigos industrializados (as economias adultas, além de se submeterem à divisão do trabalho, im-

---

13. O Brasil vem constituindo uma exceção à regra nos mais recentes anos, já que suas exportações de manufaturas como proporção do total de exportações passaram de 0,9% em 1958, a 2,7% em 1962, 8,7% em 66 e 13% em 1970 (estimativa). Fonte: *Mundo Econômico*, setembro de 1970.

posta por condições naturais, especializam-se, entre si, na montagem de linhas de produtos industriais de refinado conteúdo tecnológico).[14]

COMPOSIÇÃO DAS IMPORTAÇÕES ARGENTINAS
(% do valor total)

	1928	1938	1948	1962
Bens de consumo	40	32	16	4
Equipamentos	15	17	29	54
Matérias-primas e produtos intermediários	36	39	44	35
Combustíveis	9	12	11	7
Total	100	100	100	100

Fonte: Horacio Gilberti, *El desarollo agrario argentino*, a partir de cifras oficiais do comércio exterior argentino.

A sistematização precedente se esclarece ao nos aprofundarmos na análise da forma pela qual participam os artigos importados na vida econômica da nação.

Nas nações subdesenvolvidas, ainda distantes da fase de efetiva industrialização, a importação de artigos de consumo ocupa, tipicamente, parcela substancial da pauta de importações. Seu destino é, sobretudo, o requintado padrão de vida dos grupos urbanos e rurais que dominam as atividades exportadoras. Quanto mais atrasada a nação, maior a proporção de importações deste tipo. As próprias crises do comércio externo, no entanto, ao contraírem a capacidade de importar das nações, estimulam-nas a ultrapassar este estágio rudimentar. Com efeito, a compressão do poder de importar engendra um vácuo nos mercados internos, tornando-se, então, altamente atraente para os capitais residentes na nação, que perdem interesse pelas atividades exportadoras em crise, preencher o espaço deixado pelos bens que não mais chegam do resto do mundo. Enfrentando inúmeros problemas, certas nações logram, então, em plena crise, multiplicar suas indústrias substituindo importações, mediante produção interna de manufaturas de consumo.

---

14. A última afirmativa tem validade limitada: a Dinamarca, por exemplo, participando do seleto clube dos desenvolvidos, é grande exportadora de artigos pouco elaborados e de procedência agropecuária.

Na maioria dos casos, as indústrias que se montam internamente não logram, contudo, de início, senão finalizar a produção de artigos já parcialmente elaborados, que ainda provêm do exterior. Inaugura-se, pois, uma fase de intensificação da entrada de produtos intermediários em distintos graus de elaboração.

Desde logo, a importação de insumos traduz um esquema de divisão do trabalho, pelo qual determinados produtos finais têm suas etapas de produção repartidas entre o exterior e o interior. Supõe, por conseguinte, a habilitação do sistema para prosseguir a elaboração de bens, o que revela certo grau de maturidade de seu aparelho produtivo.

Os insumos provenientes do exterior devem ser assimilados por processos produtivos internos, o que torna o funcionamento da economia estreitamente dependente das trocas internacionais. A entrada de tais insumos condiciona mesmo o grau de utilização da capacidade instalada da economia, ao alimentar, em caráter complementar, inúmeros processos produtivos. A dependência das atividades internas deste abastecimento externo impede, no mais das vezes, sua interrupção ou mesmo compressão. Cabe, pois, concluir que uma considerável participação de insumos leva a pauta de importações a um estado de relativa "rigidez".

Ao se expandir a renda e o produto interno, em consequência da implantação de novas unidades produtoras, crescem as necessidades de importação de todo gênero, insumos, equipamentos para as novas indústrias e mesmo bens de consumo, como reflexo da dilatação do mercado interno. Quando submetida a essas pressões, a economia continua fazendo frente a uma penúria de divisas, em consequência da incapacidade crônica de incrementar substancialmente a receita de exportação. A nação é levada a tentar, então, duas soluções: comprimir ainda mais as importações de bens de consumo (o que estimula novas inversões internas) e importar insumos progressivamente menos elaborados – tornando, pois, mais complexas as atividades transformadoras internas.

Assim é que, paulatinamente, são expulsos os bens de consumo da pauta de importações, que é de mais a mais ocupada por insumos e, naturalmente, por bens de capital. O montante global de equipamentos provenientes do exterior é, aliás, de vital importância para os países subdesenvolvidos em fase de afirmação industrial.

Na medida em que se amplia e diversifica a industrialização, passam também eles a ser produzidos internamente. A partir de então, enquanto os insumos importados passam a menos elaborados, os equipamentos que continuam provindo do exterior são os de tecnologia mais complexa.

Vemos, pois, que em linhas gerais a pauta de importações dos países em marcha para a maturidade passa de dominada por manufaturas de consumo a gradativamente ocupada por matérias-primas, equipamentos de sofisticada tecnologia (e possivelmente alimentos, em dependência da flexibilidade e diversificação da agricultura).

Noções sobre o balanço de pagamentos

Finalizadas essas considerações sobre as modalidades e o significado dinâmico das trocas externas, passamos à apresentação sumária de sua sistematização convencional.

As relações econômicas com o resto do mundo são registradas por cada nação num instrumento denominado balanço de pagamentos. Define-se, correntemente, balanço de pagamentos como um registro compreendendo o lançamento sistemático de todas as transações econômicas ocorridas em dado período entre indivíduos econômicos do país (residentes) e indivíduos econômicos do exterior (não residentes).

Em dependência de sua natureza, as relações econômicas que constam do balanço de pagamentos podem ser divididas em transações correntes e operações de capital. Desde logo convém, pois, distinguir entre *balanço de transações correntes* e *balanço de capitais*.

Balanço de transações correntes – abrange, por sua vez, transações nitidamente distinguíveis:

– as importações e exportações de mercadorias (registradas no chamado balanço comercial);

– os pagamentos e recebimentos referentes a serviços internacionais (incluindo, fundamentalmente, serviços de transporte, seguros, turismo, despesas de governo etc.);

– finalmente, são ainda transações correntes a remessa e o recebimento de rendimentos de fatores (pagamentos por "serviços" de fatores).[15]

Em suma, o balanço de transações correntes resume as importações e exportações de toda ordem (de bens e de serviços) e o trânsito externo de rendimentos.[16]

As contas correntes externas determinam, naturalmente, um saldo assim expresso:

Saldo de balanço de pagamentos em contas correntes =
= Exportações – Importações + RLE.

O significado desse saldo pode ser facilmente apontado: suponhamos que se manifeste num determinado período um saldo negativo no balanço de transações correntes. Isso significa que os bens e serviços exportados e os rendimentos percebidos do exterior não foram suficientes para cobrir os pagamentos das importações, acrescidos com o dispêndio que resulta da remessa de rendimentos. Em tal caso, a nação deverá incrementar suas dívidas (pela entrada de capitais de risco ou de empréstimo) com o exterior e/ou liquidar suas reservas de ouro e divisas. Infere-se, pois, que o saldo em contas correntes se resolve em movimentos de capitais de risco, operações de obtenção ou concessão (caso o saldo seja favorável) de créditos externos e em alterações nas reservas de divisas e ouro.[17] Estamos em condições de apresentar as operações com capitais.

As operações correntes ocasionam um saldo positivo ou negativo. Cabe às operações de capital, expressas no balanço de capitais, indicar as modalidades de liquidação do saldo em conta corrente. Conclui-se, pois, que são registradas na conta de capitais as operações que implicam mudanças na situação devedora-credora da nação e, bem assim, as alterações havidas nos estoques de ouro e divisas.

---

15. Os dois últimos gêneros de transações são convencionalmente englobados no chamado balanço de serviços, conceito que mistura fenômenos de natureza distinta.

16. É útil assinalar o caráter eminentemente financeiro deste último tipo de operação, que contrasta, pois, com o significado efetivamente comercial das importações e exportações de bens e serviços.

17. Troquemos, contudo, de perspectiva. Do ponto de vista do resto do mundo, o mesmo saldo representa poder de compra não exercido; em outras palavras, "poupança do exterior" – conceito adiante abordado.

Decorre ainda, do precedente, que o saldo das transações correntes e o das transações inclusas no balanço de capitais devem apresentar valores idênticos e de sinais contrários (servindo o resultado final do balanço de capitais para compensar o *deficit* ou *superavit* verificados nas contas correntes). O balanço de pagamentos em sua totalidade é, pois, necessariamente equilibrado.

Ainda que no plano contábil o balanço geral de pagamentos, por incluir todas as possíveis relações econômicas externas, inclusive todas as modalidades de endividamento, não possa, por definição, apresentar *deficit* ou *superavit*, distinguem-se, na prática, situações de nítido desequilíbrio nas trocas externas. A localização do desequilíbrio final das trocas externas necessita a introdução dos conceitos de capitais autônomos e compensatórios. Aqueles se constituem de capitais que chegam à economia em busca de lucros, para financiar projetos industriais específicos, visando à especulação etc. Em suma, chegam à nação motivados pelas oportunidades econômicas aí existentes, basicamente, sob a forma de aplicação direta de recursos (investimentos estrangeiros) ou de financiamento a entidades oficiais ou particulares para a efetivação de determinados empreendimentos. Os capitais ditos compensatórios, em contrapartida, são solicitados com o fim precípuo de fazer frente a uma fração de gastos externos, que de outra maneira não teriam cobertura. Consistem, pois, em operações induzidas pelo estado deficitário do balanço de pagamentos.

Já vimos que a ocorrência de um saldo no balanço de transações correntes revela que a nação importou e remeteu rendimentos além do que permitiam suas exportações e receita de rendimentos fatoriais ou, reciprocamente, que seus gastos correntes externos não chegaram a esgotar suas receitas correntes externas.

Se, pois, incluirmos os rendimentos pagos ao exterior no valor das importações e os recebidos do exterior adicionarmos ao valor das exportações, podemos retomar a equação do produto para uma economia aberta:

$$P = C + I + (Ex - Im)$$
$$\therefore P - C = I + (Ex - Im)$$

dado que, por definição, a poupança (S) é igual ao produzido menos o consumido, temos:

$$S = I + (Ex - Im)$$

Fica, pois, estabelecido que, com a abertura da economia, a igualdade originária entre poupança e investimento desaparece. Ressurge, contudo, redefinida: o saldo positivo do balanço em contas correntes (decorrentes de uma diferença Ex > Im, computados de ambos os lados os rendimentos) denomina-se *inversão externa*; a ocorrência de um saldo negativo acusa o surgimento de uma *poupança externa* no sistema.[18] Chega-se, por conseguinte, a uma nova definição:

Investimento bruto nacional = investimento bruto interno + Saldo do balanço de transações correntes = Poupança nacional.

Sintetizando, diremos que, enquanto a conta de capitais focaliza, genericamente, a movimentação de poupança entre o sistema e o resto do mundo, via aquisição de atrativos de toda ordem (títulos de propriedade, de crédito, divisas, ouro), seu saldo precisa o movimento líquido de transferência externa de poupança.

Ao longo do capítulo que aqui se encerra, fizemos abstração de que as transações internacionais envolvem moedas diversas, implicando, em consequência, operações de conversão monetária. Com efeito, assim como os importadores devem traduzir seus recursos financeiros – expressos em moeda nacional – em valores de aceitação internacional, os exportadores se interessam pela conversão das divisas obtidas por moeda de uso corrente no meio em que operam (entendem-se por divisas as moedas estrangeiras ou quaisquer títulos de crédito expressos em moeda estrangeira). Tais transações se efetuam no chamado mercado cambial, onde vigoram as *taxas de câmbio*, razões de equivalência entre distintas moedas.

---

18. A inversão externa significa, de fato, um aumento do patrimônio nacional sob a forma de acréscimo de direitos líquidos com o exterior. A poupança do exterior significa endividamento para a nação em causa (mais uma vez convém lembrar que um saldo negativo de transações correntes, ainda que coberto pela entrada de "capitais" e rotulado como poupança externa, não necessariamente corresponde, em sua totalidade, a investimentos no plano interno. A nomenclatura é, pois, no caso, capaz de acarretar erros analíticos).

A fixação da taxa de câmbio, outrora resultante do simples jogo de oferta e demanda de divisas, é hoje em maior ou menor grau atribuída a decisões do Poder Público. O controle sobre a taxa de câmbio tem sérias repercussões sobre o funcionamento da economia. Uma elevação da taxa, por exemplo, tem duas consequências imediatas: eleva em moeda nacional a remuneração dos exportadores e encarece os produtos importados. O funcionamento da economia é então afetado em dois sentidos, basicamente: altera-se a distribuição da demanda interna em termos de produtos nacionais e de procedência externa, a favor dos primeiros, e modifica-se o rateio da produção exportável entre as destinações, mercado nacional e internacional. Aqui se inicia um dos capítulos cruciais da política econômica para nações em fase de desenvolvimento.

Capítulo V
O SETOR PÚBLICO

As atividades que se desenvolvem no seio de um sistema econômico podem ser repartidas entre duas esferas de interesses, duas ordens institucionais: pública e privada. Dado que em qualquer sociedade moderna, independentemente de sua configuração política, preenche o setor público funções econômicas de fundamental importância, justifica-se apreciá-lo *de per si*, bem como examinar suas relações com o resto do sistema.

Há apenas algumas décadas, costumava-se contrastar o Estado e a economia privada apontando o papel que caberia a ambos na vida em sociedade. Assim, o governo deveria, fundamentalmente, velar pela segurança e defesa dos cidadãos e de seus direitos de propriedade, garantindo condições para que as atividades propriamente ditas econômicas se organizassem ao sabor dos interesses privados. Em suma, o Estado forneceria o arcabouço jurídico-institucional e os indivíduos e grupos particulares proveriam a substância econômica do sistema.

Esta imagem liberal não mais corresponde à realidade de qualquer nação contemporânea.

As funções públicas, ao longo do século XX, continuamente ganharam peso e diversificação, resultado desta evolução que, presentemente, cabem a entidades vinculadas ao Estado funções básicas no plano econômico, bem como papel dominante nas atividades de cunho social. A par da crescente importância e penetração dos empreendimentos inseridos na esfera pública, verificou-se a dilatação dos poderes atribuídos ao Estado para ditar normas e, mesmo, orientar a vida econômica das nações.

Como testemunho dos movimentos assinalados, presenciamos hoje o enorme peso relativo das atividades desenvolvidas sob a égide do Estado e, simultaneamente, o despontar de uma etapa superior no processo de articulação e exercício dos Poderes Públicos nas esferas econômica e social – o planejamento. Ao cabo dessas transformações históricas, não mais se pode ignorar a interpretação das atividades estatais e privadas, sendo precária qualquer análise destas últimas que não leve em conta as implicações derivadas do domínio público de um sem-número de atividades.

Os dados que se seguem evidenciam a acelerada expansão do volume de recursos sob o controle das entidades públicas em nações desenvolvidas.

DESPESAS PÚBLICAS EM PERCENTAGEM DO PBN[1]

Estados Unidos	Reino Unido
1880 2,5	1890 8,9
1900 2,9	1900 14,4
1914 2,2	1913 12,4
1924 3,5	1924 23,7
1934 10,4	1938 30,0
1944 44,3	1950 39,0
1953/54 27,0	1955 36,6

Se nos indagarmos que razões básicas concorrem para a expansão verificada nas atividades públicas, vamos nos deparar com uma série de fatores, dentre os quais alguns, em igual medida, se aplicam ao crescimento do setor público nas nações desenvolvidas e subdesenvolvidas, enquanto outros explicam, predominantemente, o movimento ocorrido numa dessas áreas. Para os países desenvolvidos, a expansão decorre, basicamente, dos seguintes fatores:

– as crises econômicas mundiais (particularmente a ocorrida na década de 1930), que exigiram a extensão das atividades estatais em duas frentes: gastos sociais, visando, entre outros propósitos, a minorar os males decorrentes do desemprego em massa; obras públicas e

---

1. Dados extraídos de *Économie financière*, de Hubert Brechier e Pierre Tabatoni (para os Estados Unidos, a cifra correspondente a 53/54 é extraída de *Estructura del ingreso y el gasto público*, de Alison Martin e Arthur Lewis).

despesas de amparo às atividades privadas, tendentes não apenas a absorver mão de obra, como a estimular os sistemas em crise. A irreversibilidade de muitos dos desdobramentos das atividades públicas ocorridas nas fases de depressão tem, por consequência, a dilatação das responsabilidades a cargo do Estado;

– as guerras que, tornando-se mecanizadas e altamente destrutivas, exigiram um empenho crescente de recursos de toda ordem. Como agravante deste fenômeno, opera a "militarização da história" ocorrida no século XX, manifesta por meio da permanente vigília das nações que continuamente se preparam para guerras possíveis e, vez por outra, iminentes;

– o avanço da legislação social com desenvolvimento da instituição do seguro social (compreendendo aposentadoria, socorro a desempregados etc.) e, ainda, o progressivo deslocamento para a órbita estatal das despesas com saúde e educação;

– a modernização dos meios de transporte, que supõe a montagem e manutenção de uma diversificada infraestrutura de estradas, portos, aeroportos etc.;

– os complexos problemas criados pelas cidades-cogumelos da atualidade, exigindo a manutenção de dispendiosos serviços urbanos.[2]

A expansão das atividades estatais, também verificada em países subdesenvolvidos, tem nestes um complexo diferenciado de razões. Antes de mencioná-las, contudo, assinalemos que, genericamente, verifica-se a ocorrência de uma relação direta entre peso relativo do setor público e nível de renda *per capita* das comunidades. Assim, extraindo a média das percentagens dos gastos correntes de governo para cinco grupos de países, ordenados segundo riqueza crescente, encontramos os resultados seguintes:[3]

---

2. Note-se que a classificação apresentada levanta as razões de ser do aumento das responsabilidades a cargo do setor público; uma sistematização paralela poderia orientar-se pelas manifestações em termos de despesas das novas incumbências. Neste caso, seria, por exemplo, estabelecido um confronto entre a evolução dos gastos convencionais de governo e das despesas militares, gastos sociais, com obras públicas etc.

3. *Estrutura del ingreso y el gasto público*, ob. cit. (dados para 1953-54).

GASTO PÚBLICO CORRENTE EM MÉDIA
E CONFRONTADO COM O PBN

	%
Tanganica, Uganda, Índia, Nigéria	9,5
Ceilão, Costa do Ouro, Jamaica, Guiana Francesa	13,6
Colômbia, Itália, Trinidad, França	19,4
Reino Unido, Nova Zelândia, Suécia, Estados Unidos	28,8

O movimento da ampliação do peso relativo ao setor público, que apresenta resultados mais elevados entre as nações líderes, também se encontra em curso nas áreas subdesenvolvidas. Primeiramente, porque se têm reproduzido nas nações mais pobres fenômenos universalmente responsáveis pela adição de encargos à esfera pública: acelerada urbanização, difusão do uso de modernos meios de transporte e comunicações etc. Há, no entanto, diferenças substantivas entre a imagem e funções que vêm absorvendo o Estado em nações maduras e em comunidades adolescentes.

Entre as nações subdesenvolvidas, a ampliação das atividades econômicas públicas decorre, em grande medida, do papel progressivamente atribuído ao Estado – à medida que desponta e se afirma o processo de industrialização – na montagem e manutenção de uma base operativa para o sistema, englobando: meios de transporte e comunicações, serviços de energia, águas e esgotos etc. Em muitos casos, é ainda o Estado que constitui os primeiros grandes empreendimentos no campo da indústria pesada (siderurgia, petróleo etc.), bem como se responsabiliza pela criação e operação de organizações financeiras de vulto (bancos de desenvolvimento etc.). Assim, o Estado nas nações subdesenvolvidas (sobretudo aquelas que se encontram em fase de industrialização) tem assumido, simultaneamente, funções de remodelador de estruturas e de empresário em atividades básicas.[4]

Este último fenômeno, a constituição de autênticas unidades produtoras sob o comando último estatal, tem exigido um alto grau de descentralização das funções públicas. As atividades mais distanciadas do núcleo constituído pelo governo mantêm vínculos polí-

---

4. A importância e características dos empreendimentos industriais desenvolvidos pelo setor público na América Latina são examinadas em *El proceso de industrialización en América Latina*, Cepal, 1965.

tico-administrativos (hierárquicos) e financeiros (procedência de fundos para inversão, por exemplo) com determinados órgãos centrais e isso as diferencia funcionalmente dos empreendimentos privados. Assim, o Estado dito "desenvolvimentista", característico das nações semi-industrializadas, reúne um complexo de empreendimentos, distribuídos em dois planos:

– um centro relativamente coeso, ao qual cabe não apenas o cumprimento das funções clássicas do Estado (velar pela segurança, prover a justiça etc.) como o estabelecimento e controle de execução das normas e diretivas da política econômica;

– agências descentralizadas, periferia dependente em grau variável dos centros de poder hierarquicamente superiores, às quais compete o desempenho das tarefas singulares, como construção de estradas, portos e demais obras de infraestrutura, operação corrente de empresas industriais, provisão de recursos financeiros a empreendimentos considerados prioritários etc.

O Estado das nações avançadas, em oposição, tendo, em regra, menos atribuições como promotor do desenvolvimento econômico, desempenha funções de maior relevância no plano social e, ainda, no mais das vezes, tem encargos militantes muito superiores.[5]

Modernamente, podemos distribuir as atribuições estatais em quatro dimensões, sendo variáveis as proporções em que estas se

---

5. A propriedade pública de empreendimentos básicos no campo industrial não apenas é mais difundida nos países que presentemente tentam superar as características do subdesenvolvimento, como tem um sentido claramente diverso. Com efeito, nos países desenvolvidos a propriedade pública de indústrias de base resulta, em regra, de um movimento de "nacionalização" de empresas já constituídas, inequivocamente inspirado em determinadas convicções políticas. Em nações subdesenvolvidas, com limitada capacidade de acumular capitais, no entanto, os empreendimentos industriais básicos nascem sob a égide do Estado, única entidade nacional capaz de prover recursos suficientes à sua constituição (a possibilidade de montagem de grandes indústrias, a partir de capital estrangeiro, levanta desde logo dois problemas: a efetiva decisão por parte das grandes companhias que operam no âmbito internacional e a aceitação do domínio por estrangeiros do núcleo de atividades consideradas estratégicas no processo de desenvolvimento econômico). No Brasil, por exemplo, enquanto de 1959 a 1964 o aumento do capital efetuado pela totalidade das sociedades anônimas do setor oscilava em torno de 400 bilhões de cruzeiros, a manutenção do ritmo de investimento apenas nos setores de petróleo, energia e siderurgia (a cargo de entidades públicas) exigia um montante de cerca de mil bilhões de cruzeiros (cifras expressas em cruzeiros de 1964, extraídas de *Empresa pública e desenvolvimento econômico*, de A. Dias Leite).

combinam nas diferentes nações. Isto porque os papéis dominantes com que o Estado se faz presente na vida econômica estão na dependência de fatores que atuam com intensidade diversa, segundo as características próprias aos vários países. Esquematizemos, a seguir, as responsabilidades maiores do setor público nas economias contemporâneas, juntamente com os fatores que determinam a importância relativa dessas atribuições:

– as organizações de previdência e seguro social, bem como os demais compromissos públicos na esfera social (saúde, educação etc.), têm sua maior ou menor relevância determinada pela orientação política dos grupos no poder, o vigor e combatividade das organizações sindicais etc.;

– as responsabilidades no campo da implantação de setores básicos, remodelação estrutural etc. espelham, naturalmente, o momento histórico vivido pelas nações. Têm importância máxima, por exemplo, nas nações que presentemente se encontram em fase de industrialização;

– os encargos de natureza militar, em se tratando de sistemas maduros, dependem, basicamente, da importância da nação no esquema polarizado de forças que dominam o cenário mundial e da subsistência ou não de colônias. No mundo subdesenvolvido, o peso relativo das incumbências militares tem predominantemente a ver com a estabilidade e segurança interna dos regimes;

– os gastos referentes às funções tradicionais são os que menos variação tendem a apresentar de nação a nação.

Os múltiplos engajamentos de um Estado moderno na vida econômica já foram suficientemente realçados. Constituem essas atividades a expressão concreta do Estado, inserido na economia; cabe-lhes, coletivamente, a denominação já anunciada setor público. À caracterização das peças abrangidas pelo setor público em sistemas contemporâneos convém adicionar alguns traços de sua orientação, propósitos e meios de atuação que nos permitam avançar na compreensão de sua natureza e comportamento.

A direção e o controle dos empreendimentos que compõem o setor público emanam com maior ou menor grau de centralização dos diferentes níveis político-administrativos do Estado. Na atualidade, procura-se, universalmente, evoluir de uma situação em que as decisões na esfera pública eram tomadas parceladamente, ao sabor de circunstâncias e necessidades, para a formulação de programas coerentes de atuação conjunta. O teor político de que se encontra imbuída a orientação do setor público e o esforço de articulação de seus muitos segmentos diferenciam em profundidade o regime de tomada de decisões nas áreas pública e privada.[6]

– As atividades compreendidas no setor público são orientadas por propósitos tais como justiça, segurança, bem-estar social, afirmação nacional, desenvolvimento econômico etc., no que se distinguem dos empreendimentos privados, cuja motivação primordial é a operação de lucros;

– O poder coercitivo, de que são dotadas as autoridades governamentais, permite ao setor público servir aos fins que o caracterizam, empregando meios que lhe são peculiares (impostos, racionamento, regulamentações etc.).

Conclui-se, assim, que o setor público, englobando as atividades controladas em grau diverso pelo Estado, é organizado visando a objetivos politicamente decididos e para cuja consecução dispõe de poderes excepcionais que exercita em nome da coletividade. O que exatamente busca – munido de tais poderes – e como mobiliza os instrumentos disponíveis de controle e indução de processo econômico constituem temas nucleares do que se denomina política econômica. Ao invés de enveredar pelo estudo da política econômica, as páginas seguintes prosseguem a caracterização da presença do setor público no sistema, sendo particularizados aspectos de sua atuação como complexo de entidades produtoras e, bem assim, sua incidência so-

---

6. Na realidade, as chamadas empresas públicas têm elevado grau de autonomia em suas atividades correntes. Apenas a escolha da direção e um certo afinamento com a política geral do governo no plano monetário, creditício etc. evidenciam sua efetiva participação na área sob comando direto do Poder Público. Juridicamente, o elevado grau de independência de certos empreendimentos públicos pode receber, por vezes, cobertura mediante lei orgânica ou estatuto, consagrando a autonomia de fato existente. Quanto ao regime de propriedade mista, usado com frequência em nossos países, impossibilita, naturalmente, a diferenciação precisa dos setores público e privado. Tal dificuldade pode ser contornada se estabelecermos o critério segundo o qual qualquer empreendimento se integra no setor público, desde que boa parte de sua receita seja proveniente de recursos públicos (com frequência, os fundos públicos destinam-se tão somente à ampliação do capital).

bre a gestação e o destino dos fluxos econômicos. Convém advertir que, por meio de sua faculdade de ditar normas e regulamentar as atividades econômicas, o setor público é, na realidade, onipresente no âmbito do sistema. Não obstante, nos contentaremos em focalizar sua existência ativa como produtor e reorientador de fluxos.

O setor público como produtor de bens e serviços

Visto globalmente, congrega o setor público fatores trabalho, capital e recursos naturais em proporções diversas às que caracterizam a esfera privada. Com efeito, dadas certas peculiaridades como o peso relativo de suas incumbências "clássicas", a reduzida participação em atividades agropecuárias etc., tende o setor público a empregar elevado contingente de mão de obra com algum grau de qualificação e reduzido volume de recursos naturais. O empenho do setor público em serviços econômico-sociais básicos, por outro lado, garante-lhe o controle de boa parcela do estoque de capital da nação.

O volume de emprego com que contribui o setor público para a ocupação da mão de obra disponível na nação constitui uma das variáveis sob controle governamental, cuja manipulação acarreta profundas repercussões tanto sobre o funcionamento corrente do sistema quanto sobre sua evolução a longo prazo. Com efeito, pelo ângulo nominal, a absorção de mão de obra se relaciona estreitamente com o volume de renda gerado pelas atividades públicas (dada a pequena relevância das rendas de propriedade geradas pelo Estado na grande maioria de seus empreendimentos) e, assim, condiciona a procura final da comunidade. Em termos reais, a variação do emprego de mão de obra deve acusar alterações de fluxo de bens e serviços de consumo, bem como da criação de capacidade produtiva a cargo das atividades ligadas ao Estado.

A par da mobilização de fatores produtivos, deve o Estado abastecer-se dos insumos requeridos pelas atividades produtivas sob seu controle.

A articulação dos fatores e insumos, absorvidos pelo setor público, efetua-se no seio das "unidades produtoras", muitas das quais operam como autênticas empresas, análogas às que se situam na área privada. Assim, por meio de suas inúmeras agências, opera o Estado com características de "organizador da produção", que tem sob seu comando uma fração da mão de obra e do capital existente no sistema e que as mobiliza motivado pela satisfação de necessidades coletivas e demais fins politicamente decididos.

Visando a realçar o papel do Estado no seio do aparelho produtivo da nação, dividamo-lo em dois "setores": público e privado. Visto sob o prisma jurídico-administrativo, constitui-se o setor público de uma rede de entidades – ministérios, secretarias, institutos de previdência e demais autarquias, empresas públicas etc. – distribuídas pelos diversos níveis político-administrativos (União, Estados e Municípios).

O significado econômico das atividades a cargo do Estado permite-nos, contudo, outra classificação, pela qual passamos a destacar no feixe de empreendimentos públicos os seguintes subsetores: agricultura, indústria, construção, serviços e governo. A bem dizer, são inexpressivos os empreendimentos públicos voltados para a agricultura; nos subsetores industrial, de construção (desdobramento do último) e serviços, contudo, encontra-se usualmente uma pluralidade de grandes empresas possuídas pelo Estado; o item governo reúne as tradicionais atividades executadas pela burocracia estatal em todos os níveis (central, estadual e municipal), o aparelhamento militar etc.

Das entidades produtoras que se reúnem sob a égide do Estado, flui para o sistema um caudal de bens e serviços que podem ser assim classificados, à luz de sua natureza e destino:

– insumos, dentre os quais se destacam os de uso universal: serviços de transporte e comunicações (que, em dependência dos respectivos usuários, são também artigos de consumo final), energia elétrica, aço, petróleo etc., ingredientes básicos na operação e avanço de qualquer sistema e cuja obtenção tem sido atribuída ao setor público, mormente nas nações que despertaram nas últimas décadas para a luta pela industrialização;

– bens e serviços de consumo, vitais para o funcionamento da economia e o progresso social. Convém, aliás, distinguir entre os serviços que universal e classicamente se situam na órbita do Poder Público (defesa, policiamento, justiça etc.) e que visam, em última análise, a proporcionar condições mínimas ao funcionamento do sistema; e outros serviços "de consumo" – tipicamente saúde e educação – pelos quais o Estado procura assegurar condições de bem-estar e oportunidades de acesso social, bem como, simultaneamente, contribuir para a elevação dos padrões de eficiência a que opera a força de trabalho disponível no sistema;

– estradas, portos, prédios públicos, que ampliam o estoque de fator capital da nação, incrementando sua capacidade produtiva e tendendo a propiciar novas oportunidades de inversão ao setor privado.

Mediante a superposição das classificações político-institucional e econômica, propriamente dita, podemos dispor o universo de atividades que se desenvolvem no sistema num dispositivo matricial no gênero dos anteriormente apresentados, de modo a retratar as relações entre as esferas pública e privada enquanto fontes geradoras de bens e serviços.[7]

Nas linhas correspondentes ao setor público é registrada toda a sua produção, sendo assinalados tanto o suprimento de bens e serviços ao setor privado (e a si próprio) quanto o fornecimento genérico de artigos finais. As colunas que lhe correspondem detalham tudo aquilo de que se vale para produzir, ou seja, insumos (procedentes de ambos os setores) e serviços de fatores.[8] Tratamento análogo é dispensado ao setor privado e seus subsetores.

Na destinação final do produto, em consonância com o critério adotado, devem ser registradas as aquisições para consumo ou investimento, realizadas por agentes públicos e privados. Surgem, no entanto, algumas dificuldades ao se tentar preencher a área dedicada à demanda final. Primeiramente: até o presente se entendeu por "setor privado" o conjunto de empresas de propriedade particular; ora, as unidades produtoras não "consomem" bens e serviços e, assim sendo, não há, a bem dizer, consumidores no modelo de dois setores apresentado. Um outro obstáculo decorre da necessidade de registrar, de alguma forma, os serviços prestados gratuitamente à coletividade pelo governo.

---

7. O esquema apresentado na página seguinte foi extraído de *Un enfoque de la planificación del sector público*, R. Cibotti, 1965.

8. Importa distinguir, dentre os fatores utilizados pelo Estado, aqueles de sua propriedade e os pertencentes a pessoas e empresas privadas – neste último caso, fica o Estado obrigado ao pagamento de rendimentos a seus proprietários.

O SETOR PÚBLICO NUM QUADRO DE RELAÇÕES INTERSETORIAIS*

| | | DEMANDA INTERMEDIÁRIA | | | | | | | | | DEMANDA FINAL | | | | | | |
| | | Setor Privado | | | | Setor Público | | | | | Setor Público | | | Setor Privado | | | |
		Agricultura	Indústria	Construção	Serviços	Agricultura	Indústria	Construção	Serviços	Governo	C	I	Total	C	I	Total	VBP
Setor Privado	Agricultura																
	Indústria.......................																
	Construção......................																
	Serviços........................																
Valor Agregado	Agricultura																
	Indústria.......................																
	Construção......................																
	Serviços........................																
	Governo........................																
Setor Público	Rendimentos do trabalho...........																
	Rendas da propriedade																
	Total...........................																
	Total geral																

* Retirado de *Un enfoque de la planificación del sector público,* Ricardo Cibotti, 1965.

Para superar tais dificuldades, estabeleçamos as seguintes convenções:

– o "setor" privado passa a abranger as empresas particulares e, ainda, as pessoas físicas, com o que lhe são incorporados os autênticos agentes consumidores (as "famílias");

– o governo, a título de representante dos interesses da comunidade, é o destinatário dos bens e serviços por ele mesmo engendrados ("consome-os" por um valor correspondente ao respectivo custo de produção).

A área da matriz em que se discriminam os rendimentos distribuídos pelo setor público não suscita maiores considerações. Aí se encontram apontados a massa de recursos que constitui os vencimentos do funcionalismo e, bem assim, os demais rendimentos devidos ao trabalho e pagos por empreendimentos descentralizados. São ainda computados os lucros porventura realizados por empresas públicas[9] e os juros devidos a particulares por empréstimos recebidos. Note-se, finalmente, que também os particulares pagam ao governo rendimentos devidos pelo uso de propriedades públicas (exemplo: aluguel de prédios públicos etc.).

A inserção do setor público na matriz presta-se ao exame da forma e profundidade com que o Estado, enquanto produtor, afeta, direta e indiretamente, o comportamento do sistema. Assim, ficam, desde logo, registrados o fluxo real e a corrente de rendimentos gerados, em exclusividade, pelas múltiplas atividades vinculadas ao Estado. O primeiro diversifica a oferta global de bens e serviços com que conta a economia, contribuindo para tal com itens que, no mais das vezes, não poderiam, por várias razões, resultar de atividades privadas.

---

9. Se, por um lado, o lucro é objetivo típico das atividades privadas, por outro, resulta aritmeticamente da diferença entre receitas e despesas realizadas num dado período. É, sobretudo, a este título que o lucro se apresenta nas atividades estatais. A propósito, convém ressaltar que, não sendo o Estado movido por propósitos lucrativos, pode empregar fatores em proporções não proveitosas para as empresas privadas, o que faculta a utilização, pelo sistema, de fatores que, na ausência de programas públicos, permaneceriam inaproveitados (exemplo típico: mão de obra não qualificada).

Quanto ao fluxo de rendimentos, gerado pelas atividades públicas e convertido em demanda final pelos seus receptores, constitui variável determinante do nível de atividade impresso pelo mercado aos empreendimentos que por ele se orientam. Suas alterações têm, pois, além do efeito direto sobre a renda desfrutada pela comunidade, consequências indiretas que se irradiam por todo o sistema. Também com efeitos imediatos e remotos, podem ser indicadas as encomendas de material feitas pelo Estado para alimentar as funções de produção sob seu comando. Trata-se, neste último caso, de conexões entre os setores público e privado no seio mesmo do aparelho produtivo do sistema e diagnosticadas com precisão pela matriz de trocas intermediárias. Finalmente, cabe assinalar, dentre as atividades de setor público que mais implicações têm sobre o comportamento das entidades privadas, as obras públicas do gênero abertura de estradas, construção de portos, drenagem de zonas pantanosas etc., que operam como autênticos catalisadores de investimentos privados (os resultados aí obtidos estariam dispostos na linha correspondente ao subsetor construção, inserido no conjunto de atividades regidas pelo Estado).

Num esforço de simplificação, sintetizaríamos o que precede, afirmando que o comportamento do setor público atinge o funcionamento e a evolução da economia, primeiramente mediante o suprimento de bens e serviços sob sua responsabilidade; em seguida, por via de impacto derivado de suas decisões sobre o nível em que operam as atividades econômicas em curso e por meio das oportunidades criadas para o lançamento de novos empreendimentos. Todos esses vínculos solidarizam as trajetórias do sistema e de seu setor público, constituindo elos-chaves no campo da política econômica.

O financiamento das atividades públicas

Apresentamos, de forma sumária, alguns aspectos da coexistência e interação das atividades produtivas integrantes dos setores público e privado. Trata-se, a seguir, de focalizar a incidência do Estado sobre o fluxo nominal em trânsito pelo sistema, sendo então apontados os mecanismos pelos quais se apropria de recursos para financiamento de uma fração de suas atividades e, bem assim, para amparar atividades privadas ou grupos sociais, ao sabor de suas diretrizes no campo da política econômica. Este constitui outro ângulo de observação pelo qual podemos surpreender alguns aspectos fundamentais da presença do Estado na economia em funcionamento.

Decorre da natureza mesmo de muitas de suas atribuições que, ao contrário do setor privado, não possa o Estado cobrir seus custos de produção com receitas provenientes da venda de bens e serviços. Com efeito, apenas uma parcela da produção do setor público é correntemente levada a mercado (energia, serviços de transporte e comunicações, petróleo etc.). Tais atividades não apenas se autofinanciam como, em certos casos, permitem ao Estado a obtenção de lucros. A maioria, porém, das atividades a cargo do setor público não é diretamente remunerada, seja porque não possam ser individualizados seus beneficiários (por exemplo, no caso dos serviços administrativos), seja porque exista o consenso de que não devem ser vendidos certos serviços sociais (educação e saúde), seja porque ao governo é imputada a tarefa de construir (ou encomendar ao setor privado) obras que servem à coletividade como um todo e que, portanto, não são objeto de transações (estradas, prédios públicos etc.). Em consequência, o Estado necessita valer-se de outros métodos de captação de recursos financeiros para fazer frente aos gastos não cobertos pela receita obtida em mercado.

Antes de focalizar a necessária busca, pelo Estado, de recursos que complementem o financiamento de suas atividades, cabe relembrar as fontes de receita de que dispõe o setor público como decorrência imediata de sua participação nos mercados como ofertante-vendedor de uma série de artigos. As chamadas empresas públicas, desde logo, não apenas tendem a autofinanciar-se como podem, eventualmente, drenar recursos para os cofres públicos, por meio de seus lucros correntes.[10] Outros empreendimentos estatais, sem orientar seus produtos para mercado, cobram "taxas" aos seus usuários, destinando-se à cobertura de seus custos de produção.

Visando a atingir uma visão panorâmica da situação financeira do universo de atividades produtivas compreendidas pelo setor público, digamos, preliminarmente, que este compreende uma série de

---

10. Este fenômeno assume grande importância, por exemplo, nos países em que cabe ao setor público o monopólio da produção de cigarros, bebidas, fósforos etc.

empresas autofinanciadas; que algumas dentre elas lhe propiciam lucros (outras são deficitárias); e, ademais, que percebe recursos decorrentes do uso, pelo setor privado, de algumas de suas propriedades (este último item compõe sua receita "patrimonial"). Em contraposição, deve o setor público fazer frente aos gastos incorridos pela operação dos serviços propriamente ditos de governo e pelos demais empreendimentos que oferece gratuitamente à coletividade como resultado de seus esforços.

Outros encargos, no entanto, assume o Estado em sociedades modernas, tendendo a implicar consideráveis gastos. Trata-se de uma série de despesas ditas de "transferência", pelas quais o Estado desloca fluxos de renda, numa atitude que se poderia denominar "redistributiva", em contraposição às ações produtivas até o presente consideradas.

Dentre as despesas de transferência merecem destaque os gastos sociais e as subvenções econômicas.[11] No primeiro caso, incluem-se itens como pagamento de inativos, abono familiar, salário-família, seguro contra desemprego etc. Subvenções são transferências em benefício de empreendimentos privados ou públicos, refletindo normalmente decisões de política econômica, no sentido do favorecimento de determinados agentes econômicos (por exemplo: subsídio aos agricultores, prática frequente no mundo desenvolvido) ou dos usuários de certos serviços públicos (por exemplo: fixação de tarifas deliberadamente inferiores ao custo de produção, para o consumo de certos serviços de utilidade pública).

Em seus gastos de transferência, o Estado age sem pretender quaisquer retribuições, visando a amparar certos grupos, promover justiça social e, mesmo, fomentar a expansão de atividades consideradas estratégicas.

Em se tratando de encargos sociais relativos a pensões, aposentadorias etc., deve ficar claro que o efetivo gasto de tais recursos não

---

11. Referimo-nos aqui às chamadas transferências correntes. As transferências ditas de capital consistem na outorga de recursos para investimento às autarquias e empresas componentes da administração descentralizada. Note-se, a propósito, que todas as "transferências" que se resumem na entrega de fundos a entidades públicas desaparecem, necessariamente, num balanço consolidado do setor público.

é feito pelo setor público e sim pelos beneficiários, servindo o Estado de agente redistribuidor dos rendimentos.

Como foi anteriormente sugerido, os gastos de transferência e particularmente aqueles de natureza social são bem mais importantes nas nações avançadas, como resultado de cerca de meio século de expansão das responsabilidades do Estado para com o bem-estar das camadas menos favorecidas de suas populações.[12]

Retomando a problemática financeira do setor público, vemos que ele compreende um conjunto de empreendimentos autossustentados e capazes, ainda, de lhe propiciar lucros. A par disso, percebe outras rendas ditas patrimoniais. Estas duas últimas fontes líquidas de receita são de longe insuficientes para enfrentar os gastos públicos a descoberto – produtivos (necessários à geração de bens e serviços), redistributivos (basicamente, subsídios e encargos sociais). Necessita, pois, o Estado, por processos que lhe são peculiares, captar recursos à corrente de rendimentos oriunda da operação do aparelho produtivo (rendimentos estes engendrados pela totalidade das atividades, privadas e públicas) em proporções capazes de sustentar a operação das agências prestadoras de serviços não levados a mercado, de financiar a construção das "obras públicas" e de facultar, ainda, a execução das transferências com que se tenha comprometido. Em suma, deve lançar mão de seu poder coercitivo e de outras prerrogativas que lhe são próprias, para recolher recursos com que se torne capaz de fazer frente às necessidades e reivindicações econômico-sociais, coletivamente sentidas e politicamente expressas.[13] Essas fontes de financiamento são a imposição de tributos, as operações de crédito público e a emissão monetária, expediente convencionalmente considerado excepcional, mas empregado a fundo em muitas nações subdesenvolvidas.

---

12. Em conjunto, a proporção do PNB consagrada aos serviços sociais na Grã-Bretanha passou de 1,6% em 1890 a 18% em 1950. – M. Brecher e P. Tabatoni, ob. cit.

13. A sensibilidade das autoridades governamentais às pressões e aspirações dos grupos sociais está na dependência de sua conformação política e da capacidade organizativo-reivindicatória das forças sociais. Desta forma, torna-se patente o conteúdo político de que se encontram inevitavelmente embebidas as decisões que moldam a composição do gasto público. Note-se, em contraposição, que o setor privado e as empresas públicas que desfrutam de autonomia financeira orientam seus processos produtivos, fundamentalmente, pelo montante e composição da demanda global com que se defrontam em mercado.

Os tributos representam uma apropriação de recursos pelo erário público, resultando de forma imediata na redução do poder de compra de famílias e empresas; supõe-se, implicitamente, que a coletividade recupere os recursos cedidos ao Estado sob forma de serviços de interesse público, benfeitorias etc.[14]

As diversas formas de tributação podem ser assim agrupadas, se abstrairmos de seus aspectos jurídicos:

– "Tributos indiretos", que impõem um "sobrepreço" às mercadorias transacionadas e, por conseguinte, subtraem renda privada em favor do governo, no momento em que as famílias ou empresas adquirem os bens; daí a denominação tributação "sobre o dispêndio".

– "Tributos diretos", que incidem sobre rendas da propriedade, ordenados e salários etc., ao serem percebidos por pessoas físicas ou jurídicas.

Os impostos reduzem a renda disponível da comunidade para gastos particulares de consumo e inversão. A carga tributária que incide sobre a comunidade pode, naturalmente, ser distribuída de diferentes maneiras sobre os diversos grupos sociais. Diz-se que um tributo é "progressivo" quando o peso de sua incidência cresce com o nível de renda do contribuinte. "Regressivo", no caso contrário, em que pesa proporcionalmente mais sobre os indivíduos dotados de menor poder econômico.

Em princípio, tanto o imposto direto como o indireto podem ter um sentido progressivo ou regressivo, desde que, no primeiro caso, a rendimentos maiores correspondam imposições tributárias proporcionalmente mais elevadas; a taxação em mercado pode não ser regressiva, desde que o valor tributado cresça segundo pertençam os bens ao consumo típico dos estratos mais elevados de renda.[15] Facilmente se compreende, no entanto, que na prática tende a tributação indireta a arrecadar recursos de maneira regressiva. Tal fato se torna

---

14. Referimo-nos, implicitamente, no texto, apenas aos impostos, forma dominante de tributação. Há, no entanto, de incluir entre os tributos as chamadas "taxas" em que, ocorrendo individualização do usuário, pode o Estado exigir contraprestação pelos serviços prestados (exemplo: esgotos etc.).

15. Na Inglaterra, a tributação em mercado isenta uma série de bens e serviços considerados de primeira necessidade, de tal forma que cerca de 80% dos gastos de uma família operária típica estão livres de tributação.

evidente quando, indiscriminadamente, são os tributos lançados sobre o valor dos bens e serviços comercializados.

Enquanto nas estruturas subdesenvolvidas predomina a imposição sobre o dispêndio, como elemento formador de receita tributária, os países mais avançados procuram fundamentar sua receita pública em impostos sobre a renda.[16] A explicação desse fenômeno deve ser buscada nas características comparadas da distribuição pessoal da renda nos dois grupos de países. A elevadíssima concentração de riqueza típica do subdesenvolvimento tem, por consequência, a inviabilidade do predomínio de impostos diretos: ou eles incidiram pesadamente sobre as rendas elevadas – alternativa que evidentemente se defronta com os mais sérios obstáculos políticos e não poucos percalços administrativos – ou deveria buscar contribuições mínimas de um sem-número de pequenos contribuintes – o que é inexequível administrativa e economicamente.

Em certos casos, a tributação se baseia nas transações do mercado interno (em se tratando de países de diminuto coeficiente de abertura externa); noutros, o comércio exterior é eleito fonte primeira dos recursos públicos (sobretudo nas nações mineral-exportadoras com grande abertura externa).

O grau de progressividade ou regressividade de um sistema tributário tem implicações tanto no plano social quanto no econômico, por exemplo ao afetar as dimensões dos mercados de artigos cujo consumo é característico de determinados estratos de renda.[17]

Conjuntamente, os recursos auferidos pelo setor público a título de rendas patrimoniais e lucros, acrescidos daqueles que provêm de tributação, constituem sua receita corrente. A este útlimo conceito contrapõe-se o de despesa corrente, incluindo os gastos em que incorre o Estado, a título de aquisição de insumos, remuneração dos fatores necessários à prestação de serviços públicos à coletividade e, ainda, em decorrência das transferências de toda ordem.

---

16. Nos Estados Unidos, Suécia, Suíça e Nova Zelândia, cerca de 67% da receita pública provêm de impostos sobre a renda. Em outros países, contudo, registram-se valores muitos inferiores: México, 25; Colômbia, 20; Egito, 13,5; Síria, 11.
17. Vejam-se, a propósito, as considerações tecidas no item "Condicionamento dos mercados", do capítulo sobre a circulação, e consulte-se o respectivo gráfico.

A diferença entre recebimento e gastos correntes define a "poupança fiscal". Esta não cobre, em regra, os gastos de inversão, residindo, aí, uma das razões que levam o setor público a apelar para as demais formas de financiamento.

Por meio dos mecanismos tributários, o Estado capta renda do setor privado, sem que fique obrigado a qualquer restituição posterior; além disso, os contribuintes estão obrigados legalmente a ceder esta parcela de suas rendas. Aí residem algumas das diferenças maiores entre a receita tributária e o segundo mecanismo que utiliza o governo para financiar seus gastos: as operações de crédito público. Para este processo de financiamento, o Estado lança títulos da dívida pública de curto, médio e longo prazos e os particulares os subscrevem ao sabor de seus interesses, ficando o governo comprometido à ulterior devolução do principal e pagamento de juros pelo montante subscrito.[18]

Assim, pois, mediante a imposição de tributos e a emissão de títulos, o setor público se apropria de recursos que, genericamente, se prestam à cobertura de seus gastos correntes e ao financiamento das obras públicas.[19]

Vejamos, finalmente, mediante grandes simplificações, a natureza do terceiro mecanismo de financiamento público aludido – a emissão de papel-moeda. Trata-se de uma fonte heterodoxa de recursos públicos, de uso frequente nas nações em fase de acelerada industrialização. A emissão surge, usualmente, como medida última destinada a equiparar dispêndio (em regra, notadamente amplificado na fase aguda de montagem da infraestrutura pelos sistemas em vias de afirmação industrial) e receitas globais do setor público. Ou seja, quando este se vê incapacitado para saldar seus compromissos de

---

18. Desenvolveu-se, contudo, recentemente, a técnica dos empréstimos compulsórios que, dada a obrigatoriedade da subscrição, diferem dos empréstimos públicos tradicionais. A restituição posterior do principal, contudo, mantém o caráter de empréstimo deste tipo de operação financeira.

19. É necessário distinguir as operações de crédito público pelas quais o governo expande seus gastos de consumo e inversão daquelas necessárias à recomposição de dívidas anteriores ou compra de ativos preexistentes na economia. Estas mantêm ou modificam a estrutura da propriedade dos fatores no sistema; não aumentam, porém, a parcela da renda nacional captada pelo governo.

toda ordem (despesas relativas à produção corrente, investimentos e transferências) e na impossibilidade de reforçar rápida e eficientemente sua receita tributária, resta-lhe expandir seus recursos, valendo-se de seu poder único de emitir moeda manual.

Enquanto os mecanismos de financiamento anteriormente mencionados transferem recursos reais da esfera privada para o setor público, este último processo implica a adição de meios de pagamento que irão disputar, com o volume preexistente, a aquisição de bens e serviços e a contratação dos fatores disponíveis no sistema. Ao comprimir – como resultado da elevação de preços – o poder aquisitivo dos recursos situados na órbita privada, as emissões funcionam como um tipo velado de tributação (de significado, no mais das vezes, altamente regressivo).

A importância das emissões como fonte de receita na América Latina se torna evidente pela constatação da flagrante insuficiência da receita tributária, diante do gasto público, em nossos países, tendo-se em conta as dificuldades com que estes se defrontam para o emprego a fundo do empréstimo público como instrumento arrecadatório alternativo.[20]

Os setores privado e público, em operação, geram o fluxo de renda – ou produto global da comunidade. A renda assim gerada não é integralmente levada a mercado: deve sofrer uma compressão, para que um dos setores, aquele que atende às necessidades coletivas, financie a fração deficitária de suas atividades. Tal redução do poder aquisitivo em poder das pessoas físicas e empresas privadas se concretiza na diferença entre o volume de tributos e empréstimos recolhidos e o montante de subsídios e demais transferências outorgadas a particulares.

Tanto ao captar quanto ao aplicar recursos, altera o Estado a composição da demanda e oferta globais de bens e serviços na comunidade. Desde logo, porque não tributa com igual intensidade os diferentes ramos de atividade e os diversos grupos sociais, nem tam-

---

20. Os obstáculos aludidos consistem, basicamente, na inflação crônica e na fragilidade e diminuta organização dos mercados de capitais. Os dados referentes à insuficiência da receita tributária podem ser colhidos, por exemplo, em *Inflación y crecimiento: resumen de la experiencia en América Latina* – Cepal.

pouco os beneficia homogeneamente ao efetuar transferências. Além do mais, porque confere à parcela da renda nacional de que efetivamente se apropria, destinação forçosamente distinta daquela que teria se permanecesse em mãos das empresas e indivíduos. É bem provável, por exemplo, que dedique uma maior proporção à realização de investimentos. Nesse caso, a dilatação do volume de recursos controlados pelos Poderes Públicos altera não apenas a estrutura do consumo e das inversões levadas a efeito no sistema, mas também suas proporções relativas na destinação da renda global da comunidade.[21]

O impacto das alterações do gasto público sobre o montante de recursos de que efetivamente dispõem famílias ou empresas particulares não pode, no entanto, ser aprendido numa análise estática, em que sejam tidas por alternativas mutuamente excludentes os gastos públicos e privados. Com efeito, um acréscimo da despesa pública, por exemplo, que num primeiro momento exige uma redução real dos recursos aplicados pelos agentes privados, visto no tempo, pode estimular o sistema como um todo, propiciando de fato uma expansão conjunta de ambos os setores. O efeito germinativo da pessoa pública está, no entanto, na dependência do grau de aproveitamento dos fatores disponíveis no sistema, da ocorrência de pontos de estrangulamento, da potencialidade de certas inversões pioneiras etc.

Dadas algumas características das nações subdesenvolvidas – elevada proporção de analfabetos, condições sanitárias deficientes, falhas de infraestrutura, pontos de estrangulamento na oferta de insumos básicos etc. –, dificilmente poder-se-ia exagerar o significado em termos de bem-estar social e o efeito dinamizador de alguns itens da reorientação que imprime o Estado ao uso dos recursos com que conta o sistema. Frequentemente, e em oposição ao comportamento do setor público das nações avançadas, o Estado nas nações em fase de desenvolvimento tem mais sensibilidade para as falhas manifestas na base operativa do sistema – estradas, portos, sistema energético

---

21. Também visto por um prisma "espacial", pode o dispêndio global do setor público promover uma reorientação dos recursos da comunidade; por exemplo, ao serem os investimentos públicos concentrados regionalmente, sendo conferida prioridade à montagem da infraestrutura do polo industrial.

etc. – que para as questões sociais aí existentes. Justificam-se assim as denominações estado de bem-estar (*welfare state*) e "desenvolvimentista" com que são rotulados nos dois tipos de nação.

A interpretação do significado e da potencialidade do setor público, dadas suas características no contexto econômico, é o elo pelo qual se passa do estudo de sua existência e perfil ao exame de seu comportamento e respectivas implicações. Surge, então, o Estado como núcleo decisório, responsável pela definição do rumo que se pretende imprimir à evolução do sistema.

Ao Estado liberal, que pouca interferência tinha no funcionamento da economia, pouco cabia como formulador da política econômica. O corpo econômico por ele comandado era diminuto e também o era o grau de penetração das normas que estavam ao seu alcance ditar. Paralelamente ao crescimento do Estado-produtor, cuja fisionomia presente buscamos apresentar, verificou-se, com o tempo, a dilatação dos poderes estatais de regulamentação, estímulo, proteção, condução e orientação da vida econômica.

Até recentemente, a evolução das funções normativas do Estado na esfera econômica caracterizava-se como um processo de desdobramento em que, ao sabor de cada gênero de problemas, era ele levado a um prolongamento de seus poderes de intervenção – ao fim de algum tempo se verificava a consagração das novas funções, institucionalizadas em novos órgãos. Esta expansão vegetativa tinha seu ritmo determinado pela complexidade crescente da economia em expansão e pelas crises que a sujeitavam. Os novos órgãos tendiam a manter-se voltados para problemas específicos, constituindo efetivos compartimentos, onde se alojavam parcelas da soma de poder que cabe ao Estado exercer. Surgiam assim "políticas" fragmentárias, cambial, fiscal, tarifária, de preços agrícolas etc. Presentemente, contudo, se manifesta forte tendência no sentido da integração do comando das entidades vinculadas ao setor público que, conjuntamente, submeteria seu comportamento às necessidades ditadas pela consecução dos objetivos maiores formulados pelo Estado-poder. A apresentação da sequência e simultaneidade de ações a serem desencadeadas com determinados propósitos, num certo período de tempo, é o conteúdo dos programas de ação pelos quais tendem os

Poderes Públicos a traçar sua estratégia global, compreensiva das muitas frentes em que lhe cabe atuar.

Presentemente, além do esforço no sentido de coordenar o comportamento das muitas instituições que compõem o setor público, generaliza-se uma tendência ao emprego de instrumentos de política econômica, capazes de influenciar a tomada de decisões na esfera privada, sendo os agentes econômicos que a integram induzidos a atuar em favor das metas programadas pelo Poder Público. Mediante este processo, por vezes denominado "planejamento indicativo", procura-se corrigir a espontaneidade das decisões privadas no tocante a questões como o coeficiente de poupança, a distribuição setorial e regional de investimentos etc. Trata-se de um processo de orientação do sistema econômico pelo qual suas transformações deixam de ser decorrência (não prevista) de uma série de ações sugeridas pelas oportunidades de mercado, individualmente localizadas e aproveitadas, passando a ser parcialmente controladas e ajustadas – com certa margem de insegurança – a determinados propósitos preestabelecidos.

Capítulo VI
O SISTEMA MONETÁRIO-FINANCEIRO

Como integrante de sociedades evoluídas, estamos todos habituados a pagar, perceber remunerações, avaliar objetos etc. mediante o uso da moeda. Assim, também é de fácil constatação na vida econômica de que participamos o intenso emprego de uma diversidade de instrumentos ditos "títulos de crédito", tanto na órbita das empresas quanto nas relações destas com o público consumidor e de ambos com certas entidades do setor público. Cabe a este capítulo tratar esta pluralidade de fenômenos nominais, levantando os meios de que se vale a sociedade para efetivá-los e as instituições envolvidas.

As funções da moeda – suas origens

Antes de ingressar nas complexas funções a cargo do sistema monetário de uma economia contemporânea, busquemos, esquematicamente, reconstituir uns poucos passos decisivos da moeda ao surgir e ao afirmar sua presença e importância na vida econômica.

Assim, tomemos primeiramente a situação de um grupamento de vida extraordinariamente primitiva. Nessas remotas condições, o trabalho se exerce diretamente sobre a natureza e o homem; dados os reduzidos resultados deste estilo de vida, não logra libertar-se da premência de suas necessidades primeiras.

Digamos que, com o passar do tempo e a acumulação de experiência, se dê um passo à frente no sentido de uma embrionária divisão do trabalho: certos indivíduos se mostram mais bem-dotados ou em condições mais favoráveis à caça do antílope, enquanto outros encontram vantagens em dedicar-se prioritariamente à pesca. Dentre as implicações mais evidentes deste avanço, no sentido da especialização das entidades econômicas, se destaca o provável surgimento de excedentes de caça e pesca como resultado do trabalho de cada grupo isoladamente e seu desfecho natural – o intercâmbio. A troca, em dependência do esforço médio exigido na captura de cada espécie animal, assim como de sua utilidade, estabelecer-se-á na base de determinada relação, valendo um animal tantas unidades do outro. Desponta nessa comparação imediata de valores o fenômeno do preço relativo.

A diversificação de atividades humanas não se detém nesta etapa: os trabalhos relativos à caça e pesca tendem, por sua vez, a fracionar-se e os instrumentos em que se baseiam, necessariamente, se diferenciam, atendendo a procedimentos e técnicas específicas. A complexidade que progressivamente se estabelece nesta sociedade se resolve em intensificação das trocas. A frequência das comunicações implicadas em cada operação de escambo tem por solução natural a eleição de um bem econômico como padrão de referência.[1] Esta simples função caracteriza, em seus primórdios, a forma monetária denominada moeda-mercadoria.

Em fase mais adiantada, com o aprofundamento da divisão do trabalho humano no espaço e no tempo, impõe-se uma tendência que já se anunciava na etapa precedente. Enquanto de início a produção tem por guia a satisfação direta das necessidades, com o passar do tempo, progressivamente, divorciam-se produção e consumo. A produção passa a ter por destino primeiro a troca, a venda em mercado. Em consonância com tal movimento, crescem as funções da moeda que, de mero ponto de referência, passa a meio de pagamento, de uso corrente na efetivação das trocas.[2]

As novas atribuições impõem novas qualidades à moeda; sua aceitação ilimitada requer atributos como ser homogênea, divisível, facilmente transportável, de difícil falsificação etc. Ingressa-se na economia monetária propriamente dita – esta fase se inaugura, historicamente, com a adoção dos metais preciosos como base física para o

---

1. Não poderia ter sido outra a natureza de uma das formas monetárias mais remotas, cabeça de gado, *pecus* (donde pecuniário etc.).
2. Nesta fase, é superada a rigidez do regime de escambo, até então operante, no qual o indivíduo *A*, que tivesse excesso de *X* e carência de *Y*, seria obrigado a procurar alguém cujas disponibilidades e necessidades fossem inversas.

incipiente regime monetário. Os dados referentes a essa etapa se completam, assinalando-se mais uma propriedade e correspondente função da moeda metálica, de transcendental importância para a dinâmica da vida econômica: sua faculdade de preservar valor, de estocá-lo, permitindo a seus detentores distribuir seu uso no tempo, ao compasso das necessidades ou segundo a execução de seus planos de longo prazo.

Enfeixando as propriedades do instrumento monetário, diríamos que é de sua essência prestar-se às comparações de valor de tudo aquilo que é levado a mercado; gozar de aceitação universal como elemento de contraprestação nas transações econômicas e permitir a distribuição no tempo do poder de compra de seus detentores. Em suma, denominador comum de valores, meio de pagamento e reserva de valor são as funções classicamente atribuídas à moeda.

O uso da moeda-metal acompanha as sociedades em evolução durante muitos séculos, até que, com o despontar dos bancos comerciais, inicia-se o desenvolvimento de formas monetárias que, progressivamente, se desvinculam do substrato metálico original. Um importante passo nesse sentido é dado pela generalização do uso da moeda-papel, instrumento monetário que, destituído de valor intrínseco, ainda tem por garantia as reservas de ouro disponíveis nos bancos emissores. Finalmente, uma decisiva modificação se opera mediante a introdução do papel-moeda, instrumento de troca já então inteiramente destituído de cobertura metálica. Neste caso, o poder de compra de que é dotado constitui decorrência de sua aceitação universal (tendo, no entanto, por garantia última as disposições legais que determinam a obrigatoriedade de sua aceitação).

Modernamente, os recursos monetários sobre os quais operam as economias compreendem a moeda manual (papel-moeda e moedas metálicas) e a moeda "escritural", representada pelos depósitos à vista no sistema bancário. Efetivamente, funcionando como reserva sob controle imediato e dotados de poder liberatório nas transações econômicas, os depósitos à vista estão habilitados para o cumprimento das funções essenciais do instrumento monetário.[3]

---

3. O exame da natureza e propriedade da moeda escritural (depósitos à vista) consta do tópico dedicado aos bancos comerciais.

Estamos, pois, em condições de totalizar os *meios de pagamento* de que dispõe um sistema contemporâneo: moedas metálicas e papel-moeda em poder do público, mais depósitos à vista no sistema bancário. A composição dos meios de pagamento varia entre as economias, refletindo o grau de maturidade de sua cadeia bancária, normas de procedimentos monetários, hábitos coletivos etc. Cada parcela, moeda manual ou escritural, tem sua mecânica própria de expansão, estando o controle da primeira diretamente em mãos das autoridades públicas, enquanto as alterações do volume de depósitos à vista decorrem de certos aspectos do comportamento conjunto do complexo sistema bancário-público.[4]

Abandonando neste estágio o desdobramento das formas monetárias, retomemos o problema das trocas sob outro ângulo, adequado à caracterização de um dos mais relevantes fenômenos nominais que acompanham o funcionamento de economias contemporâneas.

Significado e uso do crédito

A progressiva divisão do trabalho social e a produção para mercado, com monetização das trocas, levantam tão somente uma parcela das questões atendidas pelo sistema monetário de nossas economias. Com efeito, até esse ponto consideramos transações em que *A* entrega a *B* um bem ou serviço e percebe, de imediato, o montante correspondente ao valor da transação. A evolução dos sistemas acarreta, no entanto, o surgimento de operações em que não mais se dão, em simultâneo, a venda de mercadorias e o respectivo pagamento em espécie. Dentre os fenômenos que, estendendo-se no tempo, implicam defasagem entre o trânsito real e o financeiro, assinalemos:

– a extensão do comércio por distantes regiões do globo, acarretando a separação não apenas espacial, mas temporal, de compradores e vendedores;

– o fenômeno da estocagem de mercadorias por parte do comércio. Este papel da rede comercial responde a uma necessidade opera-

---

4. O conceito frequentemente utilizado de "meio circulante" refere-se, tão somente, à moeda manual em circulação na economia. (Notas e moedas metálicas emitidas que não tenham retornado às autoridades monetárias.)

cional do sistema: as mercadorias devem estar disponíveis no momento e local em que o público as solicite;

– a necessidade, por parte das empresas, de remunerar o trabalho e demais fatores, assim como de adquirir insumos durante processos produtivos e cujos resultados só posteriormente serão colhidos.

Os fenômenos listados têm em comum implicar o descompasso entre os fluxos reais e nominais que chegam a determinados agentes econômicos. A solução correntemente adotada para esse problema é o recurso a instrumentos de troca, mediante os quais certos agentes se dispõem a ceder, de imediato, determinados bens econômicos, obtendo em troca promessas de contraprestações futuras – *títulos de crédito*. Sem nos deter no exame dos diversos instrumentos de crédito, em voga nos sistemas econômicos atuais, assinalemos, tão somente, a extensão de seu uso para cobrir operações como investimentos, despesas do setor público etc.[5]

A apresentação do título de crédito como especialmente talhado para a execução de transações em que se verifique alguma descontinuidade entre a prestação real e a contrapartida nominal presta-se ao esclarecimento de uma noção de grande validade: a própria moeda não passa de um título especial de crédito. Com efeito, quem a recebe está, na realidade, aceitando, em troca de algum produto ou de um serviço prestado, um documento que lhe permite, a qualquer momento, cobrar da sociedade a devida contrapartida, mediante aquisição de outro bem, serviço etc. Assim, a moeda difere dos títulos de crédito propriamente ditos apenas porque estes têm seu vencimento preestabelecido quanto à data e, ainda, submetido ao real cumprimento, pelo devedor, da promessa de pagamento – não podendo, em consequência, preencher as funções de "meios de pagamento". Adiante veremos que os bancos comerciais têm como uma de suas funções primordiais, precisamente, converter títulos de crédito em meios de pagamento – o que leva a entender por que a disseminação das operações a crédito, tornada uma das características da economia moderna, verificou-se paralelamente ao desenvolvimento dos sistemas bancários.

---

5. O emprego de títulos de crédito que, de início, se referia em regra a bens sendo transportados ou produzidos desvinculou-se desta origem, possibilitando o jogo com títulos, sem correspondência de fenômenos reais.

Está assim apresentada a dupla de instrumentos que, pelo ângulo nominal, acompanha a totalidade das trocas que se efetivam no sistema em funcionamento – os meios de pagamento e os títulos de crédito.

O sistema em operação – a necessidade de recursos monetários

Nos regimes caracterizados pela propriedade privada, indivíduos e empresas, em dependência de sua estrutura econômica, detêm um certo patrimônio que, genericamente, compreende dois tipos de bens:

– terras, residências, instalações, equipamentos etc., aos quais cabe a denominação conjunta "ativo real";

– títulos de crédito de toda ordem, emitidos por empresas, pessoas físicas e autoridades governamentais (ações, promissórias, títulos de dívida pública etc.), dinheiro em notas, moedas metálicas e depósitos bancários, integrantes, todos, do chamado "ativo financeiro".

Alguns itens do ativo são passíveis de rápida ou imediatamente servir de instrumento de troca para a satisfação de necessidades econômicas de seus detentores – exemplo máximo: os meios de pagamento. Outras há que, para negociá-los, seus proprietários devem se submeter a um processo de venda, por vezes demorado – exemplo: *terras*. Um patrimônio tem maior grau de "liquidez" na medida em que maior proporção de seus componentes se apresente sob a forma geral ou universalmente aceita pela comunidade, como contrapartida de transações (constituindo a moeda, naturalmente, a modalidade líquida, por excelência, de ativo).

Genericamente, o ativo de cada agente econômico se compõe de uma parcela aproximadamente estável e de outra em constante estado de mutação – aquela que se refere aos rendimentos periodicamente percebidos e devolvidos à comunidade sob a forma de gastos correntes. Em outras palavras, distinguem-se no ativo uma fração caracterizada por certa estabilidade e uma outra periodicamente reconstituída – via receita de rendimentos – e continuamente diminuída – via despesas correntes. A manutenção de parcela do patrimônio sob forma absolutamente líquida (meios de pagamento) se justifica, em primeira aproximação, pelos desequilíbrios que resultam da descontinuidade da receita, diante da continuidade dos gastos enfrentados por empresas e lares.

Dado que a necessidade de retenção de certa parte do ativo, sob a forma monetária, decorre de questões relativas à receita e despesa correntes, podemos abordar o problema do volume de meios de pagamento necessários ao funcionamento do sistema mediante uma análise centrada sobre rendimentos e gastos; com isso, deixamos de lado o estudo, necessariamente mais complexo, da distribuição do ativo dos agentes econômicos entre itens de maior ou menor grau de liquidez.

Ao longo do desenvolvimento econômico alteram-se as necessidades de meios de pagamento do sistema, acompanhando a passagem de uma série de relações sociais do âmbito familiar-comunitário para a esfera do mercado e refletindo a intensificação das trocas à medida que se diversifica o aparelho produtivo em atendimento às solicitações de comunidades de crescente capacidade aquisitiva.[6] Assim, uma economia baseada no latifúndio escravocrata necessita menos moeda *por unidade de produto* que outra, mais madura e urbana, com um tecido mais denso de relações econômicas.

Naturalmente, a necessidade de moeda correlaciona-se, ainda, com dados institucionais, com o regime de pagamento dos salários: mensal ou semanal (o que determina o grau de descontinuidade do fluxo de receita), parcela em moeda, outra em bens etc. Outros fatores, ainda, atuando a mais curto prazo sobre o comportamento dos agentes, afetam suas exigências de disponível líquido. Dentre eles, destaquemos as expectativas de valorização ou desvalorização monetária, as perspectivas dos negócios e até mesmo preocupações com a estabilidade política.[7]

Enquanto em cada período são gerados produto e renda, os meios de pagamento preexistem e servem para veicular a produção nas inúmeras transações que precedem a compra final de bens e serviços pelos consumidores; prestam-se, igualmente, ao pagamento de rendimentos, quitação de impostos, dívidas etc. Os fatores de ordem geral, anteriormente mencionados, ao exercer papel determinante sobre o volume de meios de pagamento de que se deve valer o sistema para promover suas transações, garantem a existência de uma certa proporcionalidade entre as necessidades de meios de pagamento e a renda ge-

---

6. Em países subdesenvolvidos, não apenas um maior número de atividades humanas não são remuneradas em moedas como certas regiões vivem, praticamente, à margem da economia de mercado.

7. Certos agentes econômicos têm razões próprias, adicionais, para guardar moeda: por exemplo, os indivíduos que especulam em bolsa.

rada no sistema. Ou seja, dado o grau de desenvolvimento econômico, dadas certas instituições e costumes, um sistema tende a manter sob forma absolutamente líquida, por exemplo, cerca de 20% de sua renda. Evidentemente, se a renda (Y) é engendrada numa economia cujos meios de pagamento (M) totalizam, apenas, um quinto daquele mesmo valor, infere-se que as unidades que compõem a massa M devem, em média, ser convertidas cinco vezes em rendimentos.

O que precede permite-nos introduzir os seguintes conceitos: K = M/Y, onde K consiste na razão entre o disponível líquido exigido pela efetivação da série de transações que acompanham o funcionamento da economia e a renda engendrada por este mesmo processo. Visto por outro ângulo, K expressa o coeficiente médio de retenção de renda sob forma monetária, pelo universo de agentes econômicos que integram o sistema econômico.

$V_y = Y/M$, onde V_y, velocidade-renda de circulação da moeda, indica o número de vezes que, em média, devem as unidades monetárias ser convertidas em rendimento ao longo de um período do tempo (necessário à geração de Y).

Observada ao longo de períodos extensos, a massa requerida de meios de pagamento em proporção ao produto das comunidades parece crescer, o que se traduz em elevação do coeficiente de K. As exigências mais que proporcionais de recursos monetários refletem, entre outros fenômenos, a diminuição do montante de relações econômicas ocorrida fora de mercado e a crescente necessidade de liquidez, à medida que torna mais complexa e diversificada a economia. Esta tendência apresenta resultados marcados nos Estados Unidos, onde se elevou de 0,15 em 1850 a 0,37 em 1880; 0,56 em 1910; e 0,75 em 1945.

O desenvolvimento das atividades produtivas deve, pois, repitamos, ser acompanhado pela disponibilidade de um volume em expansão de meios de pagamento. O crescimento do montante de meios de pagamento, quando excede o ritmo a que crescem as necessidades monetárias, resulta em elevação de preços.[8] Esta afirmativa pode ser

---

8. Note-se que a massa requerida de meios de pagamento deve crescer para atender à expansão da produção (o que por si só manteria K constante) e, além do mais, em consequência da necessidade de uma maior *proporção* de meios de pagamento (elevação de K) ao se desenvolver o sistema.

formalmente evidenciada mediante pequeno desdobramento da equação $V_y M = Y$. Com efeito, sabe-se que a renda Y, sendo equivalente ao produto, pode ser expressa por $Q_f \pi$, onde Q_f representa a quantidade de bens e serviços que constituem o produto e π, o respectivo índice médio de preços.

Temos, pois, $V_y M = Q_f \pi$, donde se infere que qualquer elevação de M, não acompanhada pela expansão de Q_f e desde que mantido V_y estável, redunda em majoração do índice de preços.

O estudo dos problemas afetos à evolução dos preços não é objeto deste trabalho. Sem, pois, empreender o exame da complexa problemática envolvida pelos movimentos de preços, estabeleçamos tão somente a seguinte distinção.

Uma elevação de preços que se restrinja a determinados ramos de atividades consiste (por meio do surgimento de lucros extraordinários) num atrativo à expansão das respectivas produções – com o que deve ser refreada a tendência inicial à alta. Em contraposição, uma elevação generalizada e crônica dos preços, dita de natureza "inflacionária", não apresenta, por definição, tendências autocorretivas. Em suma, podem ocorrer altas localizadas de preços, às quais o sistema responde com deslocamentos compensatórios de recursos produtivos (tendendo o nível médio de preços a manter-se inalterado) e movimentos altistas universais e recorrentes. Não obstante a distinção aqui estabelecida entre altas de preços que poderíamos denominar, respectivamente, "funcional" e "inflacionária", cabe advertir que em meio a um processo generalizado de elevação de preços não se verifica, jamais, um ritmo uniforme de majoração dos preços singulares. Muito pelo contrário, tipicamente, alguns preços tendem a marchar à frente, outros atrás, de um ritmo médio de ascensão.[9]

---

9. Quando importantes setores apresentem elevado grau de rigidez, não sendo o estímulo dos preços majorados suficiente para expandir-se a oferta, verifica-se a existência de focos inflacionários, pois o aumento de preços que neles tem início, ao persistir, tende a alastrar-se, generalizando-se a tendência altista. Tal fenômeno assume especial relevância nas nações em processo de trânsito para a etapa industrial e seu papel na deflagração de processos inflacionários constitui um dos aspectos realçados pela chamada escola estruturalista, em sua controvérsia com a corrente dita monetarista.

Uma vez deflagrado um processo inflacionário, independentemente das causas que lhe tenham dado origem, tende a manter-se o ritmo de expansão dos meios de pagamento muito superior ao de crescimento do produto real. Durante a inflação chilena, por exemplo, os meios de pagamento cresciam cerca de 30% ao ano, enquanto a produção caminhava a 3 ou 4%. Deve ser acentuado que a elevada taxa anual de expansão dos meios de pagamento num processo inflacionário não incrementa o coeficiente K. É mesmo provável que se verifique o inverso, dado que é típica das situações inflacionárias a rejeição às formas líquidas de ativo (para fugir à sua notória desvalorização), o que se traduz em queda de K (com aumento proporcional de V_y).

Vimos, anteriormente, que, com a evolução das economias, a massa monetária de que dispõem sofre transformações qualitativas (mudanças na composição dos meios de pagamento) e quantitativas. A par das necessidades globais de meios de pagamento e crédito, o funcionamento da economia acarreta uma contínua variação das exigências nominais dos agentes econômicos, tomados individualmente (segundo o desenrolar de suas atividades individuais). Este e outros problemas se solucionam, numa economia madura, mediante operações da cadeia de instituições, a seguir apontadas.

Bancos comerciais

É costume assinalar que, em suas remotas origens, o que hoje denominamos bancos não ultrapassavam a função eminentemente passiva de custódia de valores e moeda. Pouco a pouco, no entanto, foram se evidenciando dois fenômenos que terminaram por inserir as instituições do gênero bancário na intimidade das atividades produtivas que animam o sistema econômico:

– o documento de comprovação de depósitos, emitidos pelos negociantes capazes de oferecer sólida garantia à guarda de metais preciosos, passava a ser utilizado nas transações comerciais em substituição ao emprego de espécies monetárias;

– paralelamente, os próprios tomadores de depósitos, percebendo que a comunidade não lhes exigia correntemente senão uma fração daquilo que custodiavam, se deram conta de que poderiam aplicar em operações comerciais, industriais etc. parcela substancial do que lhes havia sido confiado.

Com o passar dos tempos tornou-se, pois, claro que para atender aos saques correntes não seria preciso manter em caixa senão uma fração dos depósitos originais, em moeda manual, correntemente efetuados por empresas e famílias. A fração complementar, ao invés de permanecer ociosa nos cofres bancários, poderia ser devolvida sob a forma de empréstimos ao público. Ora, se acrescentarmos que os próprios receptores de empréstimos costumam manter, sob forma de depósito no sistema bancário, uma porção do que lhes foi creditado, vemos nascer daí um autêntico processo de multiplicação de moeda. Sumariamente, podemos assim descrevê-lo: depósitos originais de moeda manual permitem empréstimos que, tornados depósitos pelos prestatórios, facultam novos empréstimos que retornam sob a forma de depósitos...[10] O processo não é, contudo, ilimitado, pois sofre duas drenagens que, cumulativamente, tendem a freá-lo.

Primeiramente, observemos o fenômeno por meio do comportamento bancário. Essas instituições devem ter uma reserva – encaixe – composta de moeda manual e depósitos no Banco Central, de um montante tal que permita a cobertura dos saques rotineiros (os quais, dado o grande número de clientes, pouco oscilam em torno de uma certa margem).

A consequência primeira de um depósito adicional da moeda manual, levado a efeito pelo público ou pelas autoridades monetárias, é, justamente, o de tornar excessiva a razão encaixe-depósitos.[11] É esta folga, precisamente, que permite aos bancos incrementar seus empréstimos. Ocorre, porém, que cada vez que o banco empresta, recebe depósitos e volta a emprestar, cresce o montante absoluto de moeda manual (e depósitos no Banco Central) com que deve contar

---

10. Note-se que corresponde à essência mesmo deste processo multiplicativo o fato de que os bancos, operando conjuntamente, se alimentam reciprocamente de depósitos derivados de empréstimo.

11. Como foi anteriormente assinalado, os depósitos à vista no Banco Central também são computados como encaixe por parte dos bancos comerciais. Aí reside, pois, mais uma possibilidade de reforço ou redução do encaixe dos bancos privados (com suas implicações em termos de criação ou extinção de moeda escritural). *Vide*, adiante, Banco Central.

para satisfazer a margem de segurança sobre a qual opera (relação de encaixe). Este fato, por si só, já implicaria, necessariamente, o estancamento do processo de criação de moeda escritural. Falta, contudo, acrescentar outro fator que esvazia o processo, atuando do lado do público. Com efeito, empresas e lares, cada vez que recebem empréstimos e depositam, requerem a manutenção de certa proporção de meios de pagamento sob forma de moeda manual. Esta exigência retira, progressivamente, do sistema bancário quantidades de moeda manual, o que, dada a compulsória observância do aludido coeficiente de encaixe, age no sentido de impedir a repetição indefinida do mecanismo empréstimo-depósitos.

Vimos, pois, que sobre uma base constituída de moeda manual (e depósitos no Banco Central), o sistema de bancos comerciais logra expandir o montante global de meios de pagamento da comunidade mediante criação de moeda escritural. Por meio desta expansão derivada, os bancos atendem às necessidades de recursos monetários da comunidade, rateando os novos meios de pagamento pelos pedidos de empréstimo.

A moeda escritural gerada pela rede de bancos comerciais é absorvida por aqueles que necessitam recursos de curto prazo: as empresas industriais, que a qualquer momento estão transformando matérias-primas, produtos semiacabados etc., que só poderão vender findo o respectivo ciclo produtivo; as casas comerciais, que devem manter estoques de mercadorias a serem paulatinamente adquiridas pelo público; os agricultores, que devem enfrentar uma série de gastos antes de apurar o resultado das colheitas... Os recursos destinados ao suporte de tais atividades por períodos que vão de 90, 120 a 180 dias constituem, pois, autêntico fundo rotativo – dito capital de giro – utilizado no financiamento da produção corrente. Visam, em última análise, a cobrir gastos incorridos pelas unidades produtoras em antecipação de receitas futuras.

Continuamente, os empréstimos de curto prazo são outorgados e resgatados, ressurgindo em mãos de novos produtores: cabe aos bancos comerciais escolher a quem, quando e como emprestar. Aqui reside o que poderíamos denominar a mais importante função da macroeconomia do sistema bancário: ratear recursos entre as empresas segundo determinados critérios. O sistema bancário comercial exerce essa relevante função, orientadora do uso dos recursos reais da coletividade, guiando-se por considerações de lucratividade, confiança e conhecimento de clientes.

O desconto de duplicatas, letras de câmbio etc. é a forma usual de apoio financeiro das atividades produtivas pelo sistema bancário. Consiste, essencialmente, numa operação de conversão de títulos de crédito – emitidos contra empresas e pessoas privadas – em meios de pagamento, ou seja, numa modalidade de ativo imediata e universalmente aceita pelos agentes econômicos do sistema. Outras formas de adiantamento de recursos monetários a agentes econômicos podem ser registradas – sua consideração nos levaria a um detalhamento incompatível com o nível em que se situa este trabalho. Além do mais, a par do financiamento à produção, o sistema bancário pode fornecer recursos ao setor público, assim como facultar às empresas os adiantamentos necessários à abertura de créditos aos consumidores.

As possibilidades do sistema bancário de incrementar o volume de meios de pagamento mediante criação de moeda escritural se definem em três áreas:

– os bancos podem multiplicar recursos monetários novos, recém-emitidos;

– podem, ainda, multiplicar recursos monetários que até então o público guardou como reserva manual (fora dos bancos);[12]

– finalmente, podem comprimir a razão de encaixe se lhes permitirem as autoridades monetárias, ou seja, incrementar o montante de empréstimos sem contar com maior volume de reservas.

No primeiro caso, temos a decisão nas mãos das autoridades monetárias; no segundo, ocorrem mudanças de comportamento por parte do público; no terceiro, temos uma modificação do comportamento bancário (a qual deve se inspirar em alterações dos hábitos da coletividade e está sob controle do Banco Central).

---

12. O público pode, também, provocar um aumento (ou diminuição) da massa monetária, ao converter depósitos a prazo – que, por definição, não constituem meios de pagamento – em depósitos à vista (ou vice-versa). Os depósitos a prazo, bem como as reservas em moeda estrangeira, recebem, por vezes, a denominação "quase-dinheiro", mediante a qual é realçado o fato de que não se prestam ao uso instantâneo e universal como instrumentos de troca.

Banco Central

Concentremo-nos, enfim, sobre a instituição-matriz de um sistema monetário contemporâneo, o Banco Central. Trata-se do órgão que preside o funcionamento da economia sob o ângulo monetário-financeiro. A ele cabe, exclusivamente, a faculdade de emitir moeda manual, em dependência das necessidades ditadas pela evolução do sistema, ou seja, para atender à ampliação da massa monetária que deve acompanhar a expansão da produção, o incremento relativo da necessidade de meios de pagamento (elevação de K) à medida que a vida econômica se torna mais complexa e diversificada. Naturalmente, a emissão pode também ser explicada por problemas de curto prazo, com incremento circunstancial das necessidades de liquidez do comércio e da indústria (redundando em pressões sobre os bancos comerciais, que deverão apelar para o Banco Central) ou mesmo dificuldades financeiras excepcionais na esfera do setor público.

Como já foi assinalado, a moeda manual originária do Banco Central constitui a base sobre a qual trabalham os bancos comerciais, multiplicando o volume total de meios de pagamento mediante a criação de moeda escritural. Assim, pela conjugação das atividades do Banco Central (fonte de moeda manual ou "primária") e da cadeia de bancos de depósitos (capazes de efetuar uma expansão "derivada" dos meios de pagamento), são atendidas as necessidades de liquidez do sistema.

O Banco Central é, naturalmente, o banco do governo e a tal título se comporta como agente de suas operações financeiras (na nação e no exterior) e executor de sua política monetária. Seu comando do volume de meios de pagamento, aliás, provém não apenas de sua faculdade emissora, mas também de seu poder de ditar normas, mediante as quais comprime ou expande os recursos monetários da economia. Tal afirmativa se esclarece pelo exame das relações existentes entre Banco Central e bancos comerciais.

A entidade bancária executora da política monetária recebe depósitos voluntários e compulsórios dos bancos comerciais (ou seja, do volume global de recursos por estes manipulados, uma fração deve ser entregue ao Banco Central). Ora, vimos anteriormente que a necessária manutenção de certo coeficiente de encaixe atua como um dos freios à multiplicação monetária derivada do mecanismo depósitos-empréstimos-depósitos... que caracteriza o comportamento bancário. Assim, conhecedores de que tem o Banco Central o poder de impor aos demais bancos o congelamento de certo volume de recursos monetários na forma de depósitos compulsórios sob seu controle, e ainda, genericamente, a faculdade de alterar a relação de encaixes com que devem operar, somos levados à conclusão de que, podendo reduzir ou dilatar a amplitude de multiplicador bancário, o Banco Central possui o efetivo controle da massa de moeda escritural.

O Banco Central não apenas controla o volume de moeda manual e as possibilidades de criação de moeda escritural, mas também constitui o organismo bancário de última instância, para uso dos próprios bancos comerciais. Estes apelam em determinadas circunstâncias para o instituto emissor, buscando a monetização dos títulos já descontados por solicitação do público. Caracteriza-se, assim, a existência de uma cadeia monetária, segundo a qual o público demanda meios de pagamento ao setor bancário, que pode, dentro de limites, recorrer ao "redesconto" do Banco Central. Aqui reside, naturalmente, mais uma oportunidade para que as autoridades monetárias exerçam controle sobre o volume de meios de pagamento à disposição da economia. Trata-se, meramente, da faculdade de alterar as facilidades e/ou obstáculos impostos ao redesconto.[13]

Usualmente é o Banco Central controlador das divisas captadas pelas exportações ou resultantes de entrada de capitais e, globalmente, destinadas a cobrir importações, remessas de rendimentos e saídas de capital. Reside aqui mais um importante mecanismo de expansão ou contração do volume de meios de pagamento à disposição da economia. Com efeito, sendo, por exemplo, o montante de divisas captadas pelos exportadores e, a seguir, convertidas em moeda nacional, superior ao volume de divisas solicitado por importadores, empresas que remetem dividendos etc., verificar-se-á uma injeção de meios de pagamento na economia. Assim, basta que a receita total de divisas –

---

13. Os instrumentos de política monetária aí empregados são fundamentalmente dois: controle quantitativo, via estabelecimento do teto máximo para as operações de redesconto, e variação da taxa de juros a que elas se processam.

que devem ser convertidas em moeda de uso corrente na nação – seja superior ao gasto total em divisas – as quais devem ser adquiridas com moeda nacional – para que seja lançado um certo montante líquido de meios de pagamento na economia. Na realidade, o que ocorre neste caso é o lançamento na economia de ativos líquidos (meios de pagamento), correspondentes a uma acumulação de divisas por parte das autoridades monetárias. Contrariamente, quando a receita total de divisas propiciada pelas relações com o exterior não cobre o respectivo dispêndio total, deve o Banco Central vender parte de seu estoque de divisas a particulares, com o que é realizada uma sucção de meios de pagamento que passam do público às autoridades monetárias (e, por conseguinte, desaparecem, pois a moeda em poder das autoridades monetárias, por definição, não constitui meio de pagamento).

O fato de que o saldo do balanço de pagamentos, na medida em que se traduza em alteração no estoque de divisas (ou ouro monetário), dilata ou comprime meios de pagamento, introduz um elemento de instabilidade monetária nas nações sujeitas a violentas flutuações em suas trocas externas. A instabilidade daí resultante será, naturalmente, não apenas dependente das oscilações propriamente ditas, mas também do coeficiente de abertura externa, o qual, *grosso modo*, indica a penetração das trocas internacionais na vida econômica da nação. Somando-se ao precedente o fato notório de que as cotações internacionais dos bens primários sofre acentuadas oscilações, infere-se que as nações exportadoras de matérias-primas e alimentos têm no comércio internacional um fator de instabilidade monetária.

Caracterizado o papel dos bancos comerciais e listadas as mais relevantes atribuições do Banco Central, cabe adicionar que, conjuntamente, estas instituições compõem o sistema bancário consolidado. Este complexo institucional de comportamento notoriamente interdependente é responsável pelo suprimento dos meios de pagamento de toda espécie, que servem à operação corrente dos setores privado e público. Como vimos, no seu interior atuam vários mecanismos que respondem pela criação de moeda manual (dita criação primária de meios de pagamento) ou escritural (dita expansão secundária).

Intermediários financeiros

Considerados os bancos comerciais e central, resta-nos mencionar a figura dos intermediários financeiros para completar a apresentação das entidades que dominam o circuito monetário-creditício e compõem, conjuntamente, o sistema monetário financeiro. Mantida a definição anteriormente estabelecida,[14] cabe aos intermediários financeiros transportar os saldos de poupança, engendrados por empresas e pessoas, para os pontos em que se manifestem *deficits* de financiamento: empresas e/ou governo.

Convém acentuar, preliminarmente, que os recursos sobre os quais operam os intermediários financeiros diferem daqueles com que trabalham os bancos comerciais. Isto porque estas últimas instituições recebem do público, em regra, tão somente uma fração daquilo que poderíamos denominar suas "reservas monetárias", ou seja, os recursos que empresas e famílias julgam conveniente manter sob a forma líquida para poder, aqui e agora, saldar os compromissos correntes e rotineiros. Vemos, assim, que o coletado pelos bancos comerciais, tipicamente, não constitui poupança; em outros termos, não consiste num fluxo de recursos que em cada período deixa de ser utilizado em consumo para ser destinado a outros fins (capazes, em princípio, de prover rendimentos futuros aos agentes poupadores). Pelo contrário, os bancos comerciais trabalham sobre um montante de recursos líquidos – em boa medida por eles mesmos criados.

O desenvolvimento de instituições financeiras assim definidas é de crucial importância na efetivação dos investimentos. Estes constituem a culminação de um complexo processo que, visto numa perspectiva nominal, tem início com a constituição de certo volume de poupança, a ser complementado mediante a obtenção de financiamento. O suporte financeiro a ser conquistado pelo investimento depende, justamente, da existência de uma eficiente rede para a canalização da poupança, que deverá convergir para os organizadores da produção, habilitados para aplicá-la na aquisição de equipamentos, contratação de fatores etc.

---

14. Este conceito foi sumariamente apresentado e, a seguir, "localizado" no funcionamento do sistema econômico, no Capítulo II.

Nas nações desenvolvidas, os intermediários financeiros passaram por longo processo de aprimoramento e especialização[15] (adequação às várias possibilidades de captação de economias ou de aplicação de fundos); nas nações atrasadas, entretanto, esta ponte institucional entre poupadores e investidores, incipiente e precária, tem sido amplamente reforçada pela atuação dos chamados bancos de desenvolvimento ou de fomento, criados sob a égide do Estado. Mediante estas instituições, o Estado das nações em vias de desenvolvimento procura não apenas reforçar o coeficiente de poupança de suas economias, mas também impedir que recursos subtraídos ao consumo sejam aplicados em empreendimentos que pouco ou nada contribuam para o progresso social, como especulação com terras e outros imóveis; dilatação imprudente, ou mesmo irracional, das atividades primárias de exportação,[16] construção de residências extraordinariamente dispendiosas etc.

Não nos compete detalhar os gêneros e o comportamento típico dos diversos intermediários. Acrescentemos, tão somente, que o próprio sistema bancário quando coleta depósitos a longo prazo se habilita, pela inércia de tais depósitos (que nos permite classificá-los como autêntica poupança e não apenas reservas monetárias de motivação operacional), para o financiamento de inversões, identificando-se com outras instituições, como as caixas econômicas, que têm por função precípua recolher capilarmente recursos poupados e aglutiná-los como fundos destinados à realização de determinados investimentos.

O enunciado das demais instituições que operam como ponte entre poupadores e aplicadores de recursos se completa mencionando-se os bancos de investimento, as companhias de seguros, os institutos de previdência e, enfim, a bolsa de valores. Esta última instituição consiste num mercado oficial de títulos que faculta a certas empresas contato quase direto com o público no lançamento de suas ações.

---

15. *Vide*, a propósito, *Desenvolvimento econômico e estrutura do mercado financeiro*, de Luigi Fray, Editora Zahar.
16. Uma das questões dificilmente superadas por quaisquer arranjos institucionais no mundo subdesenvolvido reside no devido aproveitamento da capacidade de poupar dos grandes proprietários rurais.

Além disso, organizando e conferindo rapidez ao processo de compra e venda corrente de ações já emitidas, transforma aplicações aparentemente de longo prazo – subscrição de títulos – em recursos de fácil liquidação. A faculdade de monetizar títulos atribui, naturalmente, maior liquidez ao ativo das empresas. Nesta área, é lícito afirmar que a bolsa, como fonte eventual de recursos monetários, compete com os bancos comerciais.

As instituições apresentadas, Banco Central, bancos comerciais e intermediários financeiros, têm sua razão de ser na problemática monetária-creditícia que acompanha o funcionamento de um sistema econômico contemporâneo. Suas atividades devem adequar global, setorial e individualmente (no nível de empresas e pessoas) necessidades e disponibilidades de liquidez e recursos financeiros.

Capítulo VII

A UNIDADE PRODUTORA NO SISTEMA ECONÔMICO

A chamada teoria da firma ou da empresa costuma referir-se com exclusividade à empresa privada, e, consequentemente, adotando a perspectiva que a caracteriza, procura revelar de que mecanismos ela se vale para satisfazer seu objetivo último: a maximização dos lucros. Sendo então de suma importância a diferença entre receitas e despesas efetuadas ao longo de um período, já que dela decorre diretamente o montante de lucros auferidos, a análise microeconômica atentou detidamente para as condições em que compra e vende a unidade econômica. Daí a criação de completa teoria, pela qual se procura sistematicamente analisar as implicações que decorrem da existência de mercados livres concorrentes, monopólicos, oligopólicos etc. Dela resultam, em última análise, princípios e regras capazes de fornecer uma estratégia de comportamento para os empresários.

A visão que se procura atingir aqui é outra. Trata-se, essencialmente, de focalizar as interações entre a célula produtora e o contexto que a envolve. Não do ponto de vista da "caixa" da empresa, procurando saber quais mecanismos e problemas estão por trás das entradas e saídas de numerário, mas de ponto de vista global, em que a empresa surja integrada no sistema econômico, com os seus alicerces infraestruturais, sua vinculação à capacidade produtiva e aos mercados da nação e, enfim, suas relações com a superestrutura institucional. Os propósitos da unidade produtora, seja a maximização do lucro, o bem-estar coletivo ou ambos, na medida em que coincidem, não terão suas implicações analisadas.

Essencialmente, a atividade de uma empresa ou unidade produtora consiste em empregar homens, fornecendo-lhes equipamentos e os demais instrumentos de trabalho para que processem a elaboração de insumos, que, uma vez transformados, se destinam a outras empresas ou ao consumo da coletividade. Em se tratando de unidades do setor terciário, como sabemos, o resultado do esforço produtivo levado a efeito na empresa não é de natureza tangível; neste caso, a empresa lança mão de trabalho humano, o qual, valendo-se de equipamento, energia etc., engendra "serviços" a serem adquiridos por agentes econômicos singulares ou absorvidos pela coletividade como um todo.

As operações que se efetuam na unidade produtora, sejam quais forem suas dimensões, obedecem a determinadas regras que estabelecem as proporções em que se combinam fatores e insumos; a sequência das operações etc. O processo produtivo de que se vale uma unidade resume, enfim, uma série de relações estáveis que expressam a forma pela qual são articulados fatores e insumos na produção de determinados bens ou serviços. À síntese matemática dessas relações denominemos "função de produção"; ela indica, em última análise, a relação funcional existente entre a quantidade de produto obtido e as quantidades dos diversos elementos necessários à sua obtenção.

Ainda que a interação e complementação dos fatores seja imprescindível para a obtenção de cada unidade de produto – como indicado nas funções de produção –, para efeitos de análise econômica procura-se determinar o significado para o processo produtivo de cada fator tomado isoladamente, mediante o conceito de "produtividade". Este coeficiente é obtido pela divisão da quantidade obtida de produto pela quantidade empregada do fator (trabalho, terra ou capital). Sendo ambos os elementos, a produção e as unidades empregadas do fator em causa, tomados em sua totalidade, chega-se a um coeficiente dito médio de produtividade ($\alpha_{TR} = \dfrac{P}{TR}$; $\alpha_K = \dfrac{P}{K}$; ...).[1]

O impacto sobre um processo produtivo da retirada ou adição de uma unidade de certo fator produtivo, por sua vez, é dado pelo respectivo coeficiente de "produtividade marginal". Neste caso, toma-se um processo em curso, mantêm-se constantes as quantidades empregadas dos demais fatores e observa-se o efeito, sobre a produção total, da variação de uma unidade no emprego de certo fator.

$$(\alpha_{TR} \, Mg = \frac{\Delta P}{\Delta TR}; ...)$$

---

1. Os conceitos de produtividade média, marginal – de grande importância no estudo da unidade produtora, desde que centrado sobre seus problemas de comportamento –, são devidamente analisados em diversos manuais de economia, no capítulo referente à produção.

As funções de produção nem sempre são determináveis com um grupo satisfatório de precisão. Contudo, é possível chegar com certo rigor, por exemplo, à expressão dos coeficientes técnicos que relacionam os elementos e fatores empregados na produção de certos preparados químicos. Da mesma forma, poderíamos descrever a obtenção de uma quantidade X de laminados apontando as quantidades de minério de ferro, calcário, horas de trabalho qualificado, não qualificado, horas de alto-forno etc. necessárias.

A escolha das funções de produção não se reduz, porém, à consideração de seus aspectos técnicos. Com efeito, por motivos de cálculo econômico, os empresários as traduzem em termos financeiros, o que lhes permite localizar em cada conjunto de circunstâncias as soluções mais econômicas ou proveitosas. Daqui se depreende por que algumas funções tecnicamente válidas são postas de lado por critérios econômicos. Na realidade, os organizadores da produção encaram a combinação de fatores como problema econômico, isto é, são guiados em suas decisões, por um lado, pelos preços dos fatores e insumos, e, por outro, pelos preços e possibilidades de escoamento de seus produtos no mercado.

Uma vez escolhida certa função de produção, ficam estabelecidos as possibilidades produtivas da empresa, os meios de que para tal se deve valer e as limitações técnicas a que está sujeita. Esse quadro de determinações pode ter maior ou menor rigidez. Em alguns casos, certas características do processo produtivo são alteráveis, o que pode ser aproveitado pela direção da empresa, dependendo das condições de mercado.[2]

---

2. Ainda que não nos preocupemos neste capítulo com as formas de comportamento das unidades produtoras, cabe aqui uma advertência quanto à maneira de proceder das empresas privadas e públicas, tanto em sua constituição quanto em seu funcionamento. As empresas privadas têm suas atenções voltadas para as condições de lucratividade e nisto se distinguem das empresas públicas; muitas implicações decorrem desta diversidade de orientações. Por exemplo, a presteza com que as empresas privadas exploram as oportunidades de mercado reflete, parcialmente, o fato de que, sendo seu objetivo último eminentemente quantificável (o lucro), é relativamente fácil julgar a conveniência ou não de certas decisões. A empresa pública, contudo, tendo outros propósitos, mais complexos e menos quantificáveis, encontra maior dificuldade em determinar as vantagens e desvantagens (globais) de diferentes atitudes.

Elementos de sustentação da unidade produtora

A unidade produtora existe em complementação com o sistema econômico, estando, pois, na dependência de suas características genéricas, assim como, em cada caso, intimamente relacionada com ramos específicos do aparelho produtivo, dos quais compra ou para os quais fornece bens e serviços. Vejamos, inicialmente, certos aspectos básicos de uma estrutura econômica que condicionam o surgimento e, mesmo, a operação corrente da totalidade das empresas.

Primeiramente, há de referir-se ao *capital social básico*. Esta denominação reúne uma pluralidade de empreendimentos, votados à produção de serviços básicos, indispensáveis a quaisquer atividades econômicas de certo porte e complexidade. Seus principais elementos são sistema de transportes e comunicações, redes de águas e esgotos, sistemas energéticos, postos de saúde, rede escolar etc. Enfim, todos aqueles investimentos de infraestrutura que respondem ao atendimento de necessidades básicas coletivas. A dependência em que se acham as unidades produtoras da existência desses empreendimentos geradores de serviços econômico-sociais de uso universal é de tal ordem que, por vezes, lhes cabe a denominação "precondições" para o investimento.

Realçando o papel e o significado histórico da diversidade de empreendimentos que compõem o CSB, poderíamos assim classificá-los:

– investimentos de caráter pioneiro, que estendem e transformam a vida econômica, desbravam regiões, tornam acessíveis riquezas inexploradas etc., criando, pois, oportunidades econômicas inéditas;

– empreendimentos de grande porte, que respondem a uma demanda já existente, porém insatisfeita, que superam pontos de estrangulamento.

A primeira categoria compreende, em verdade, dois grupos de realizações que cumpre distinguir. Um montante inicial de CSB, na maioria dos países subdesenvolvidos, deve sua existência a investimentos estrangeiros – por vezes, meramente porque a exportação de produtos primários implica a instalação de serviços de transporte, comunicações etc.

Nesta mesma categoria, contudo, situam-se também empreendimentos de significado diverso, embora com o mesmo papel de transformação do panorama econômico do sistema. De cunho nitidamente nacional, consistem na concentração maciça de recursos, em obras de significado histórico, visando, genericamente, ao desenvolvimento econômico e social. Seu impacto sobre a evolução posterior do sistema não é, a bem dizer, previsível, donde seu conteúdo de fé nas possibilidades futuras da nação. Esses investimentos, dados sua motivação, dimensões e o fato evidente de que dificilmente se mostram lucrativos a curto ou médio prazo, usualmente se situam na esfera do Poder Público.

Na segunda categoria, acima apontada, situa-se a modalidade de CSB cuja formação é induzida pelas próprias necessidades do sistema. Assim, por exemplo, quando, com o advento da crise mundial da década de 1930, algumas economias atrasadas começaram a voltar-se, progressivamente, para o mercado interno, defrontaram-se com enorme *defict* de CSB que, quando existente, estava orientado no sentido de servir às atividades exportadoras.

Decorre da própria natureza do CSB que a conveniência de sua constituição, assim como sua influência, uma vez instalado, não tenha a ver com seus resultados imediatos (e, por conseguinte, com sua lucratividade privada).

Com efeito, estradas, sistemas de irrigação, escolas e mesmo hidrelétricas têm a propriedade de tornar mais eficiente o sistema como um todo sem que possa localizar, individualmente, as vantagens propiciadas; sem que se consiga determinar o momento em que cada unidade se vale (indiretamente) dos serviços gerados. Como quantificar o proveito decorrente da mais fácil comunicação entre os homens? Como avaliar todos os efeitos indiretos de uma educação melhorada? E mesmo as vantagens provenientes de um suprimento de eletricidade (com suas múltiplas utilizações), superando outras fontes de energia menos regulares, menos controláveis etc.? Em suma, o CSB é direta e indiretamente produtivo e se caracteriza por rendimentos retardados no tempo, assim como amplamente difundidos no espaço.

Esses aspectos explicam, parcialmente, a frequência com que tais empreendimentos, ainda quando induzidos pela evolução do sistema, ainda que se porte de modo compatível com as possibilidades dos grupos privados, tendem a ser efetivados pelas diversas agências do setor público e com preocupações de desenvolvimento econômico.

A disponibilidade de serviços de transporte, comunicações, saúde, educação etc. condiciona o grau de eficiência a que operam as unidades produtoras; sua ampliação semeia novas oportunidades de investimento na área beneficiada do sistema. As vantagens de toda ordem, absorvidas pelas unidades, em funcionamento ou projetadas, constituem "economias externas".

As economias externas podem ser encaradas num sentido estrito de melhorias que atinjam as condições operacionais das empresas (aumentando, em consequência, a produtividade dos fatores aí empregados). Exemplo: os benefícios trazidos pela regularização e padronização dos serviços de energia, comunicação e transportes. Ou por meio de conceito mais abrangente que leve em conta tudo aquilo que beneficia as condições de mercado das empresas. Neste caso, seriam computadas como "economias externas" não apenas as vantagens provenientes de melhoria na prestação de serviços, na qualidade de matérias-primas etc., mas também qualquer benefício de que venha a desfrutar a unidade produtora, como resultado de alterações ocorridas no contexto que a envolve. Assim, nesta acepção ampliada, constitui "economia externa" todo barateamento nos custos de produção ou elevação nas possibilidades de receita, decorrente de transformações ocorridas em outras empresas ou no CSB do sistema). O primeiro conceito apresentado trata, pois, as economias externas como fenômeno de natureza predominantemente técnica, enquanto o segundo (que, repitamos, compreende o primeiro) as encara como fenômeno eminentemente econômico, transmitido via mercado.

O que precede deve ter deixado claro que não apenas o CSB irradia economias externas para o sistema; na realidade, as unidades produtoras, genéricas ou especificamente, contribuem, umas em relação às outras, para o rebaixamento dos respectivos custos de operação. Cabe, no entanto, assinalar que, por vezes, a instalação ou expansão de certas empresas tem efeito negativo sobre outras unidades produtoras, registrando-se, nestes casos, a ocorrência de "deseconomias externas", fenômeno que pode revestir-se de grande relevância.

A disponibilidade genérica de economias externas conta entre os elementos determinantes do "nível geral de produtividade" do sistema, a partir do qual as unidades produtoras individuais definem seus coeficientes particulares de produtividade.

Nas nações desenvolvidas, o CSB, existente em abundância relativa e distribuído com razoável equilíbrio, tende a ser considerado um "saldo" do sistema. No mundo subdesenvolvido, no entanto, sua concentração em certos polos e rarefação nas demais áreas constitui fator decisivo na localização e implantação de novas unidades produtoras. As economias externas têm, aliás, papel preponderante na explicação dos chamados círculos viciosos de pobreza e riqueza regionais. Tais processos cumulativos, que não expressam mais que uma tendência (superável), podem, por exemplo, assim se retratar: quanto mais desenvolvida uma área, maior a disponibilidade de serviços básicos, o que tende a atrair investimentos que, uma vez realizados, por um lado aumentam e diversificam a produção (e, portanto, a disponibilidade de insumos) e, por outro, ampliam os mercados e desta forma propiciam estímulos para novas inversões. E vice-versa.

Além de repousar sobre a infraestrutura de serviços básicos, as unidades produtoras são, necessariamente, condicionadas pela disponibilidade quantitativa e qualitativa de fatores. Em princípio, a quantidade e a qualidade de fatores mobilizáveis deveriam refletir-se nas funções de produção adotadas num sistema. Contudo, a inflexibilidade das funções tecnológicas tem levado nações com imensas disponibilidades de mão de obra a "poupar trabalho" mediante a adoção de técnicas criadas em outras condições, motivadas por problemas diversos, às vezes opostos aos enfrentados pelo mundo subdesenvolvido. Em certos casos, as unidades produtoras dispõem de algum raio de manobra e chegam a adequar as funções de produção à constelação de fatores existentes; outras vezes, deixam de fazê-lo, seja pelas insuperáveis dificuldades técnicas com que se defrontariam para tal, seja por questões de rentabilidade "microeconômica"[3] e outras mais.

---

3. Estas decorrem, sobretudo, da disparidade entre custos sociais e privados, características das estruturas subdesenvolvidas. A análise deste ponto é desenvolvida no *Manual de projetos* das Nações Unidas.

Assim é que, pela não adequação entre as funções de produção empregadas e a constelação de fatores de que dispõem, os países subdesenvolvidos mantêm em desemprego "estrutural"[4] considerável fração de seus habitantes, cuja disponibilidade de nada vale, pela impossibilidade de complementação fatorial em que se encontra (dados os padrões tecnológicos vigentes). A importância de tal questão pode ser aquilatada pela seguinte afirmativa: "Nesse desajustamento básico entre a oferta virtual de fatores e a orientação de tecnologia reside, possivelmente, o maior problema que enfrentam atualmente os países subdesenvolvidos."[5]

O montante de fatores com que pode contar uma economia está sujeito a profundas alterações, que podem resultar de causas diversas. No mundo subdesenvolvido, o estoque de fatores utilizáveis economicamente depende, sobretudo, da extensão do CSB. Mediante tais investimentos, novas terras são incorporadas, recursos naturais tornam-se exploráveis, altera-se o grau de qualificação da mão de obra etc. Torna-se, pois, progressivamente disponível, para fins produtivos, o potencial de fatores do sistema. Também o avanço dos conhecimentos científicos afeta a disponibilidade de fatores, na medida em que impõe uma constante revisão das possibilidades de aproveitamento de matérias-primas, fontes energéticas etc.

*A unidade em funcionamento – a inserção da
empresa no aparelho produtivo*

Se nos voltarmos agora para a unidade produtora em funcionamento, vemos que ela depende, por um lado, do suprimento de insumos, e, por outro lado, da existência de um mercado capaz de dar vazão aos seus produtos.

Sabemos que a produção de uma empresa tem seu valor repartido entre a despesa total com aquisição de insumos e o montante de rendimentos pagos sob a forma de salários, juros, lucros etc., ou retidos a título de reserva de depreciação. Pois bem, o coeficiente de va-

---

4. Esta é apenas uma das características do desemprego dito "estrutural".
5. Celso Furtado, *Desenvolvimento e subdesenvolvimento*, p. 91.

lor adicionado (rendimentos gerados) sobre o valor da produção total varia extremamente entre as diferentes unidades produtoras. Quanto menor a percentagem de valor agregado, maior a parcela destinada à aquisição de insumos e, por conseguinte, maior a interação da empresa com o aparelho produtivo. Em última análise, a proporção de compras e vendas intermediárias realizadas por uma empresa revela o esquema de divisão de trabalho em que ela se insere. Se atentarmos para tal critério, podemos constatar que, enquanto algumas unidades manifestam relativa autonomia econômica (exemplo: certos tipos de latifúndios, atividades de pesca, escolas etc.), outras vivem em verdadeira simbiose com o sistema.

Apresentamos, a seguir, alguns índices médios de interdependência por compra e venda de insumos.[6]

	Compra de insumos/ VBP	Vendas de insumos/ VBP
	%	%
Ferro e aço	66	78
Têxteis e	67	57
Derivados	66	37
Const. naval	58	14
Extração/carvão	23	87
Pesca	24	36

Naturalmente, quanto maior a variedade e o peso relativo das conexões da empresa, via aquisição de insumos, maior a pressão exercida sobre a capacidade produtiva do sistema (ou sobre sua capacidade para importar).[7] Por outro lado, as unidades que mais se prestam ao abastecimento de outros empreendimentos (mediante venda de insumos) são as que maior flexibilidade atribuem ao aparelho produtivo (inclusive aliviando suas necessidades de importação). Genericamente, pois, quanto maior a dependência bilateral ("para a

---

6. Fonte: Chenery e Watenabe, *Institutional comparisons* (citado por A. Hirschman em *Estratégia do desenvolvimento econômico*).

7. O abastecimento da unidade pode provir da capacidade produtiva nacional ou do resto do mundo. Esta segunda alternativa, em país subdesenvolvido, é frequentemente posta em xeque pela limitação da capacidade de importar (determinada, sobretudo, pelo valor total das exportações).

frente" e "para trás") de um empreendimento, maiores as oportunidades por ele engendradas no seio do aparelho produtivo, a título de fornecedor e de mercado para insumos.

Referimo-nos, tão somente, ao grau de inserção da empresa no aparelho produtivo, medido por meio de seus coeficientes de aquisição e venda de insumos. Este é um enfoque globalista da interdependência da empresa em funcionamento com as demais atividades produtivas em curso. Evidentemente, a matriz de insumo-produto fornece informação análoga para os ramos de atividade que considere discriminadamente. Ademais, como sabemos, a matriz qualifica as dependências de setor a setor e com isto detalha as conexões de cada ramo de atividade com o contexto.

Outras formas de relacionamento podem ser registradas, dentre as quais se destacam algumas surgidas de características da produção e/ou utilização de certos bens. Primeiramente, consideremos que alguns artigos podem ser obtidos como subprodutos de determinadas atividades, sendo, portanto, sua produção estreitamente condicionada pelo ritmo de operação da atividade predominante. Diversamente, ocorrem casos em que a procura atendida é que exige a apresentação conjunta de dois ou mais bens. Exemplifiquemos: há uma íntima dependência na evolução das atividades produtoras de cimento e de sacos para cimento, ou, mais amplamente, entre a indústria automobilística e as empresas produtoras de autopeças. A coordenação de esforços a que necessariamente são levadas estas empresas leva-as a constituir autênticas superunidades ou moléculas compostas de vários átomos. Em certos casos, aliás, a propriedade de tais empresas passa ao controle de um só grupo econômico, consumando-se a tendência natural à direção unitária.

No levantamento das formas pelas quais a empresa em funcionamento se prende ao contexto a que pertence cumpre, ainda, mencionar um vínculo todo especial: a necessidade de complementar o capital de giro sobre o qual opere, com empréstimos de curto prazo. Trata-se, como já foi anteriormente assinalado, da busca, pela empresa, de meios de pagamento que lhe permitam enfrentar os gastos correntes que acompanham o desenrolar de seu processo produtivo. A necessidade de liquidez das empresas varia enormemente na dependência, entre outros fatores, do período de duração de seu processo produtivo e das exigências (ou conveniência) de manutenção de estoques de matérias-primas, produtos semiacabados e, mesmo, artigos prontos para a venda. Se, individualmente, as exigências de capital de giro das empresas variam, predominantemente, na dependência dos fatores acima aludidos, globalmente (para a nação como um todo) a necessidade de recurso ao crédito bancário por parte das unidades produtoras depende do estágio de desenvolvimento alcançado, do maior ou menor grau de monopólio imperante, da ocorrência de processos inflacionários e, enfim, de costumes e instituições monetário-financeiras.[8]

Voltemo-nos agora para a questão do escoamento do fluxo de bens e serviços gerados pela unidade produtora.

Cada produto – caracterizado por sua natureza e utilização – tem seu mercado dimensionado pelo total de gastos efetuados em sua aquisição, por consumidores e/ou empresas,[9] num determinado período de tempo. Consequentemente, a unidade produtora defronta-se com certo mercado, definido, antes de mais nada, pelo(s) produto(s) em que se especialize.

Tomemos, de início, a unidade produtora que vende, exclusivamente, artigos de consumo final. O mercado para o qual dirige sua produção é um "local" de encontro de produtores e consumidores. Por conseguinte, depende, por um lado, do número, importância relativa e comportamento das demais unidades produtoras que disputam fatias do mesmo mercado, e, por outro lado, das reações típicas dos consumidores. Assim, a colocação dos produtos da empresa levanta a questão dos tipos de mercado (de livre concorrência, competição monopolística, monopólio etc.), bem como atrai a atenção para problemas como nível e distribuição do poder de compra dos consumidores e seus padrões de comportamento (sensibilidade às alterações de preço, dependência da propaganda etc.). Os estudos em torno

---

8. Esta temática é desenvolvida em *Desenvolvimento econômico e estrutura do mercado financeiro*, Luigi Fray, Editora Zahar.

9. A análise que se segue aplica-se, em princípio, tão somente ao escoamento de produtos para o mercado interno. As vendas e compras ao exterior levantam, em regra, problemas específicos, ao introduzir em um quadro de maior ou menor rigidez hipóteses alternativas de mercado (ou de fontes de aproveitamento).

desta técnica não podem, porém, se situar, exclusivamente, no âmbito dos mercados tomados individualmente. Antes de mais nada, porque vários produtos têm utilização semelhante e, por conseguinte, a delimitação de seus mercados particulares não é de forma alguma precisa. Analogamente, dois ou mais produtos podem ser complementares e, neste caso, seus mercados são solidários, já que correspondem a uma procura conjunta.

Na realidade, os mercados peculiares a cada bem ou serviço não são, em absoluto, independentes. Pelo contrário, constituem "faixas" de mercados maiores, definidos segundo "classes" de produtos. O exame dos grandes mercados, correspondentes às classes de produtos, permite-nos discernir certos fatores que condicionam o universo dos mercados, mas cujos efeitos não são, praticamente, distinguíveis no nível dos produtos tomados isoladamente.

Dentre os fenômenos cuja influência tende a atingir a totalidade dos mercados singulares podemos agrupar, inicialmente: nível de renda *per capita*, distribuição da população entre atividades urbanas e rurais e outros de menor relevância, como condições climáticas, costumes etc. Para aferir o impacto de variações nesses elementos sobre a distribuição do poder de compra da população, poderia ser adotada, por exemplo, a conhecida classificação dos bens e serviços de consumo em alimentação, vestuário, habitação, saúde, educação, diversões etc.[10]

Se mudarmos de perspectiva e distribuirmos os produtos segundo os itens bens de consumo de luxo, médio e de primeira necessidade, seremos capazes de detectar os efeitos provocados pelas alterações de outro fator de grande relevância do estudo da aplicação do poder de compra das famílias – a distribuição da renda por classes sociais. Qualquer movimento que acarrete uma redistribuição do poder econômico dos grupos sociais afeta a composição relativa da demanda, segundo esta nova disposição.

Encaremos, momentaneamente, a questão do mercado para a empresa situada na faixa de produção de bens intermediários. A de-

---

10. Nos programas de desenvolvimento, por exemplo, dado que se prevê um certo ritmo de expansão da renda, paralelamente se examina o compasso provável da evolução da demanda de consumo, decomposta segundo grupos de produtos.

manda que sobre ela incide é, tipicamente, derivada, pois decorre do funcionamento de outras empresas. A forma precisa pela qual outros ramos de atividades dependem do fornecimento de insumos oriundos de seu ramo particular está expressa na matriz de trocas intermediárias. Quanto à sua posição individual, como fornecedora de insumo em causa, está naturalmente ainda condicionada pelo porte e demais características de seus concorrentes.

Dada a relativa estabilidade dos coeficientes técnicos que determinam a proporção em que se combinam os diversos empreendimentos de um processo produtivo, a demanda que vai ter a um ramo específico de produção (ignoradas as possibilidades de substituição interinsumos) está atrelada ao nível de atividade em que funcionam as empresas a serem abastecidas (o que, por sua vez é, *grosso modo*, condicionado pela demanda final com que estas se deparam).

As empresas que produzem bens de capital se defrontam com uma demanda intimamente condicionada pelo ritmo de crescimento econômico. Há, no entanto, de distinguir entre a procura de bens de capital para reposição e a que resulta do investimento líquido do sistema. A primeira é condicionada, tecnicamente, pela chamada "vida média útil" dos bens de capital. A segunda, sim, está na estrita dependência do ritmo do desenvolvimento.

A longa duração dos bens de capital confere à respectiva demanda uma característica instabilidade, a qual pode ser ilustrada mediante o seguinte exemplo.

Suponhamos que uma empresa, tendo 10 máquinas de um determinado tipo e cuja vida-média seja de 10 anos, encomende, anualmente, uma máquina para efeito de reposição. Se num determinado momento se ampliar em 10% a demanda de seu produto, necessitará adquirir mais uma máquina, com o que fará uma encomenda dobrada à fábrica de equipamentos. Por conseguinte, uma elevação de 10% da demanda final determina, neste caso, um acréscimo de 100% na procura do equipamento considerado.

Vemos, pois, que a procura de bens de capital (por essas e por outras razões) está sujeita a grandes oscilações. Haveria ainda a acrescentar que uma fração da demanda de bens de capital, suscitada pela realização de empreendimentos inéditos, é tanto instável quanto sumamente versátil.

Ampliando os horizontes de nossa análise, consideramos que a unidade econômica, em verdade, se encontra inserida num sistema socioeconômico, sendo, pois, condicionada por seus aspectos institucionais. Com efeito, do regime institucional vigente na economia a empresa recebe uma série de dados que lhe vão afetar a existência. Seu *status* jurídico, suas relações com as demais empresas, com os operários, governo e exterior resultam de uma acomodação às normas do direito comercial e civil, à legislação trabalhista e a muitas outras instituições (inclusive costumes etc.). Seu raio de ação é, pois, também determinado por fatores não propriamente econômicos que, definindo sua existência legal, compõem o quadro genérico de direitos e obrigações que rege suas relações com a sociedade.

A UNIDADE PRODUTORA E O SISTEMA

ESQUEMA GRÁFICO V

O dispositivo visa a evidenciar a multiplicidade de relações da empresa com o sistema que a contém.

A unidade produtora (retângulo contínuo central) define-se a partir de sua função de produção, a qual, por sua vez, enfeixa relações operacionais entre fatores (TrQ e TrNQ – trabalho qualificado e não qualificado; At.F, ativos fixos; e RN, recursos naturais) e insumos (Mat. Pr., matérias-primas e Produtos semiacabados).

A unidade produtora repousa sobre empreendimentos de infra-estrutura, bem como se vale de redes de serviços sociais; tais obras, tomadas conjuntamente, constituem o capital social básico (CSB). Este condiciona e é condicionado pela disponibilidade de fatores do sistema.

O abastecimento da unidade produtora provém do aparelho produtivo do sistema (situado à esquerda do gráfico e tendo uma área tracejada – a que mais diretamente se vincula à empresa em causa). Alternativamente, pode ainda originar-se do resto do mundo.

A produção tem por destino a alimentação do aparelho produtivo, as exportações ou o atendimento da demanda interna para consumo e formação de capital.

A empresa tem um complexo teto institucional que define suas relações jurídicas com outras empresas, trabalhadores, Estado etc. É perante as normas deste regime institucional que ela define sua forma jurídica de organização.

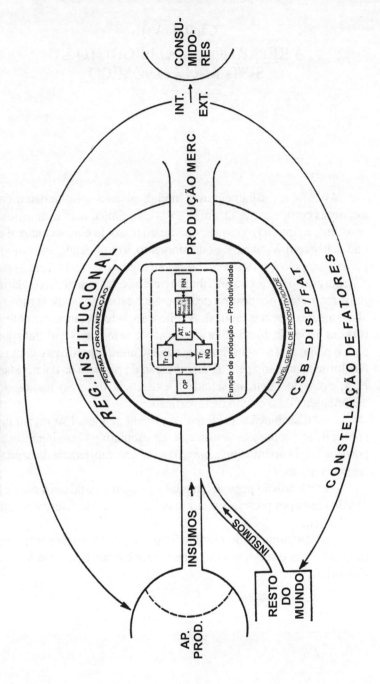

A UNIDADE PRODUTORA E O SISTEMA – GRÁFICO V

Capítulo VIII
A REPARTIÇÃO DO PRODUTO NO SISTEMA ECONÔMICO

Após uma visão integrativa inicial, buscou-se isolar determinadas peças componentes de um sistema econômico para exame de sua constituição interna e do relacionamento mantido com o contexto em que se inserem. Voltemos, neste momento, a empreender um enfoque globalista, pelo qual se pretende apontar como a renda, gerada pelo sistema em operação, se distribui segundo certas categorias (salários, juros etc.) e tem por destino determinados estratos sociais (grupos de altas, médias e baixas rendas). A aplicação da renda, uma vez convertida em poder de compra, na aquisição de bens e serviços transporta para o plano real as consequências da estrutura repartitiva e com isso nos fornece uma imagem da distribuição do produto da coletividade. Fica, pois, de início ressaltada a existência de, pelo menos, três "abordagens"[1] no estudo da repartição:

– a "distribuição funcional" da renda pela qual se registram e analisam as proporções em que se apresentam os rendimentos que correspondem ao trabalho e, *grosso modo*, à propriedade de capital e recursos naturais;

– a "repartição pessoal", mediante a qual é estudada a distribuição da renda por pessoas ou famílias integrantes de diferentes estratos sociais;

– a "distribuição do produto", ou seja, o exame da apropriação final dos bens e serviços por camadas sociais de diferenciado poder aquisitivo.

---

1. *Vide* gráfico.

Para que esses três "momentos" da repartição não permaneçam meras fotografias a partir de distintos ângulos, necessário se faz convocar elementos que nos permitam relacioná-los numa visão integrada da questão repartitiva. Tais elementos, em regra, não se encontram compreendidos no campo de aplicação da análise econômica convencional, ou, por vezes, pertencem a domínios relativamente isolados no acervo global de ideias que a constitui. Referimo-nos a certas características de estrutura que se prestam, inclusive, à individualização dos diversos sistemas e que têm patente ascendência sobre a destinação das rendas geradas: dotação relativa de fatores, tecnologia e estrutura de propriedade da terra e do capital.

– por dotação de fatores entendemos a disponibilidade genérica de mão de obra, capital (em sua acepção real) e terras com que pode uma economia contar em determinado estágio de sua evolução.[2] Naturalmente, as existências fatoriais cobram maior significado para a problemática repartitiva quando encaradas em termos relativos. O confronto das disponibilidades de mão de obra, instalações, equipamentos etc. e recursos naturais permite, ademais, que se ultrapasse o gênero de análise aqui empreendido e se dê início ao estudo das transformações temporais do sistema.

– A estrutura de propriedade do capital e das terras (ou seja, a medida e forma em que se encontram distribuídos os direitos sobre os ativos do sistema) constitui outro tema nuclear do estudo da repartição das rendas engendradas pelo sistema em operação. Neste terreno interpenetram-se, evidentemente, fenômenos econômicos e sociais, mas ao longo deste trabalho serão utilizadas tão somente categorias forjadas para fins de análise econômica, o que significa um rebatimento ou redução de questões de natureza múltipla ao seu significado econômico.[3]

---

2. Sabemos, contudo, que o "estoque" de mão de obra apresenta marcada heterogeneidade, devendo ser subdividido nos itens trabalho qualificado e não qualificado para efeitos de análise adiante desenvolvida.
3. A estrutura da propriedade presta-se, inclusive, à diferenciação de regimes políticos – como já foi anunciado, constitui objeto de exame neste curso tão somente a problemática inerente às chamadas economias de mercado.

– Às características procedentes, que podem ser consideradas parâmetros da análise repartitiva, adicione-se um aspecto fundamental referente à constituição do aparelho produtivo: as formas tecnológicas dominantes. Mais uma vez, aqui reside uma característica de sentido paramétrico, e cada estágio no desenvolvimento tecnológico circunscreve possibilidades e define tendências na repartição das rendas.[4]

Após mencionar três ordens de fatores capazes de distinguir e individualizar os diversos sistemas econômicos, provendo coordenadas fundamentais para o estudo da repartição das rendas, cabe aludir à figura do Estado, entidade dotada de instrumentos de ação passíveis de impor alterações à conformação distributiva. Nas páginas que se seguem, a atuação potencial do Estado na esfera produtiva será diversas vezes apontada, procedendo-se a uma síntese de suas possibilidades ao findar o capítulo.

Outras instituições, dentre elas os sindicatos, o sistema educacional etc., dada sua influência sobre certos aspectos da questão repartitiva, também serão oportunamente consideradas.

Repartição funcional

Os rendimentos gerados pelo aparelho produtivo numa economia de mercado são consignados, em primeira instância, aos fatores trabalho, capital e recursos naturais. Com efeito, a renda emerge do aparelho produtivo sob a forma de salários, juros etc., propiciando, essa visão primeira da questão distributiva, as informações necessárias à chamada análise "funcional" da repartição.

A efetiva separação das rendas, segundo os itens salários, juros, lucros e renda da terra, supõe a maturação de profundas transformações históricas, resultando na constituição de um "mercado de serviços de fatores", em que são contratados os "serviços" dos fatores

---

4. Constituem exemplos de "valores" do parâmetro tecnologia o artesanato anterior às grandes invenções mecânicas, o domínio da energia a vapor, a difusão do uso de computadores etc. As projeções das formas tecnológicas dominantes sobre a distribuição das rendas são inegáveis, não obstante não se encontrem integradas nos estudos correntes sobre repartição de rendas.

trabalho, capital e recursos naturais. Tais transformações incluem, entre outros fenômenos, a separação entre a figura do trabalhador e a dos proprietários das terras e dos instrumentos de produção; a comercialização da terra, passando este fator de produção a ser objeto de compra, venda e aluguel; e, assim, o desaparecimento dos obstáculos religiosos-institucionais às operações de empréstimo, cobrança de juros etc., precondição para o desenvolvimento do sistema financeiro e posterior surgimento de um mercado de capitais.[5] Como se verá mais adiante, desde que sobrevivam unidades econômicas nas quais se mantenham indiferenciadas as figuras do trabalhador e do proprietário de ativos (em atividades artesanais, unidades agrícolas familiares, pequeno comércio etc.), verifica-se a ocorrência de um gênero dito "misto" de remuneração, não se distinguindo entre rendimentos devidos ao trabalho e à propriedade.

Para a economia como um todo, naturalmente, o volume absorvido e a taxa média de remuneração de cada fator constituem os determinantes imediatos da falta de renda consignada, respectivamente, ao trabalho, ao uso da terra e do capital.

Os mecanismos que explicam as quantidades e "preços" dos fatores empregados numa economia, na medida em que fundamentados no comportamento daqueles que demandam ou ofertam serviços de fatores, não serão aqui examinados.[6] Com o propósito, no entanto, de demarcar em grandes linhas os determinantes da porção de renda outorgada aos proprietários dos diversos fatores, analisamos, a seguir, fenômenos básicos que dominam, em cada sistema, as condições de oferta e procura de serviços de fatores.

---

5. Estas considerações se ajustam especialmente ao passado da Europa Ocidental (onde as aludidas transformações históricas se deram, aproximadamente, entre os séculos XIV e XVII). Nos países latino-americanos, por exemplo, em que a vida econômica adquiriu intensidade mediante a expansão do comércio colonial, o mercado de serviços de fatores surgiu no bojo de transformações distintas (sendo notório, por exemplo, que jamais existiram sérios percalços às operações de caráter financeiro e, sobretudo, que a contratação de trabalhadores sucedeu no tempo ao regime escravocrata, em que não os "serviços" e sim os próprios trabalhadores eram adquiridos pelos proprietários da terra e do capital).

6. Uma síntese das ideias e instrumentos de análise empregados neste campo é feita por Raymond Barre, em *Economia política*.

Genericamente, o volume absorvido e o valor relativo dos fatores refletem um confronto implícito dos estoques de mão de obra, terras e capitais.[7] Tal assertiva se torna evidente ao nos darmos conta de que os fatores operam em regime de complementaridade: o trabalho, por exemplo, deve valer-se de instalações, equipamentos etc., componentes do estoque de capital e de recursos naturais – em se tratando de atividades primárias – para lograr desempenhar seu papel produtivo.

Entretanto, não são as simples proporções relativas com que os fatores se apresentam num sistema que, mecanicamente, determinam sua absorção e taxas de remuneração. Com efeito, um mesmo volume de terras (por exemplo) absorve produtivamente um maior ou menor contingente de mão de obra, conforme o grau de difusão ou concentração de sua propriedade. Por outro lado, as muitas atividades econômicas podem obter determinado produto por diferentes processos produtivos, baseando-se na combinação, em proporções variáveis, dos diversos fatores. Assim, as possibilidades de absorção dos estoques de fatores estão ditadas não apenas pelas suas existências relativas, como pelas formas típicas de combinação, estando, pois, na dependência de fatores institucionais e tecnológicos.

A estrutura da propriedade afeta as quantidades absorvidas e taxas de remuneração dos fatores, antes de mais nada por condicionar o contingente de fatores efetivamente levados a mercado. Com efeito, não chega, por exemplo, a mercado o trabalho daqueles que permanecem à frente de suas propriedades. Outrossim, só as terras não diretamente exploradas pelos respectivos donos e o capital disponível para empréstimos são passíveis de contratação em mercado. Para efeito de análise, no entanto, considera-se correntemente que as frações do contingente de mão de obra e dos estoques de terra e capitais diretamente aplicados pelos respectivos proprietários encobrem um fenômeno de demanda implícita de fatores. Em certos casos, chega-se mesmo a tentar discernir, no montante de rendimentos globalmente colhidos pelos fatores sob controle dos respectivos pro-

---

7. À luz deste critério, podem os países ser classificados em grupos em que se manifeste abundância relativa dos fatores capital (exemplo: Inglaterra); recursos naturais (exemplo: Canadá) e homens (exemplo: Índia).

prietários, que porções devem ser "imputadas" ao trabalho, ao capital e à terra. Não obstante tal artifício – pelo qual é lícito referir-se a uma demanda global de fatores pelo aparelho produtivo –, a ascendência da estrutura de propriedade sobre fenômenos que regem a repartição funcional é inequívoca, podendo ser ilustrada de diversas formas.

Uma estrutura agrária em que predominem as unidades familiares, por exemplo, tende a restringir a oferta no mercado de mão de obra, operando, consequentemente, em favor das taxas de remuneração ao trabalho.[8] A par disso, tende, naturalmente, a minimizar a ocorrência de explorações por arrendamento, repercutindo, em consequência, sobre as condições que determinam o aluguel da terra. Contrariamente, um setor primário caracterizado pela grande propriedade tende a empregar pouca mão de obra – fazendo-se acompanhar do acúmulo de homens em unidades de diminuta extensão (minifúndio) e/ou do êxodo rural. Ambos esses fenômenos atuam no sentido de deprimir os padrões salariais no mercado de trabalho.

No referente ao fator capital, elevado grau de concentração proporciona poderes cujo exercício, entre outras consequências, acarreta a formação de vultosos lucros – além de dificultar o surgimento de novas empresas e permitir a progressiva eliminação ou absorção das unidades menores.

As necessidades fatoriais do aparelho produtivo estão, em princípio, na dependência da demanda global de bens e serviços a que esteja submetido.[9] Assim, ao expandir-se ou retrair-se a demanda global de bens e serviços finais, alteram-se positiva ou negativamente as porções empregadas dos estoques de fatores produtivos. Não obstante, é de imediata constatação o fato de que, ao evoluírem as formas tecnológicas dominantes, variam os requisitos fatoriais para a

---

8. Historicamente, tal fato pode ser ilustrado pela etapa formativa da economia norte-americana, em que o fácil acesso à terra se fez acompanhar de padrões salariais excepcionalmente elevados em termos histórico-relativos.

9. Quanto à demanda de fatores pelas empresas tomadas individualmente, resulta, numa primeira aproximação, do confronto dos respectivos "preços" (encarados como custo pelas empresas empregadoras) com as supostas contribuições dos fatores (produtividade marginal) ao processo produtivo (*Vide* Raymond Barre, ob. cit. etc.).

obtenção de um dado volume de bens ou serviços. Esse fenômeno tem decisiva importância no funcionamento do sistema e na repartição do ingresso aí gerado, mas seu devido exame só pode ser empreendido no contexto de uma teoria do desenvolvimento econômico. Sem que se introduza em nossa análise a dimensão temporal, podemos assinalar a ocorrência de uma complexa relação entre tecnologia e "preços" de fatores. Simplificadamente, diríamos que se verifica uma interação pela qual qualquer mudança nas cotações relativas dos serviços de fatores tende a pressionar no sentido de adoção de determinada tecnologia, a qual, uma vez assimilada, altera as necessidades fatoriais e irá repercutir sobre os respectivos preços...

O que precede pode ser assim ilustrado: suponhamos que se valorize a mão de obra em determinado sistema por pressão da respectiva demanda sobre uma população que cresce a ritmo lento. Tal tendência pode ser respondida por inovações tecnológicas que restrinjam o emprego do fator trabalho. O excesso de mão de obra que daí resulta, pesando sobre as respectivas remunerações, diminuirá por algum tempo o incentivo à introdução de novos processos produtivos capazes de substituir homens por máquinas, o que permitirá a progressiva reabsorção da mão de obra desocupada.

O mecanismo de ajuste do tempo acima descrito (compatibilizando disponibilidade e emprego globais de fatores) tende a operar de preferência nas economias mais avançadas. Isso porque, nas nações adolescentes, a tecnologia não é ditada pelas condições locais de disponibilidade e preços relativos dos fatores, mas, em grande medida, pela imitação dos avanços técnicos ocorridos nas nações líderes.[10]

A absorção de fatores pelo aparelho produtivo não chega, em regra, a esgotar os respectivos estoques. Sem ingressar neste campo de análise, acrescentemos tão somente que, para países subdesenvolvidos, o desajuste na complementação fatorial e as respectivas sobras devem ser entendidos, basicamente, a partir dos parâmetros tecnolo-

---

10. A questão acima aludida, de grande relevância para as nações em vias de desenvolvimento, tem sido tratada por muitos autores, entre eles R. S. Eckaus, em artigo publicado na coletânea *La economia del subdesarollo,* dirigida por A. N. Agarwala e S. P. Singh, editada em português pela Editora Forense com o título *A economia do subdesenvolvimento.*

gia e regime de propriedade. No primeiro caso, referimo-nos à complexa relação tecnologia *versus* aproveitamento de fatores, acima aludida. Quanto à influência do regime de propriedade, temos como ilustração conspícua, em muitos de nossos países, a coexistência de terras férteis não cultivadas e a imigração de homens do campo para a cidade por escassez de oportunidades de trabalho.

Finalmente, como importante fenômeno que influi na determinação das taxas salariais e ademais na lucratividade dos empreendimentos, temos as condições sob as quais se apresentam as empresas e trabalhadores no mercado de trabalho. Nesse sentido, podem ter elevada influência sobre o mercado de mão de obra, por um lado, o tamanho das empresas negociadoras, e, por outro, o grau de organização daqueles que ali se oferecem. A este propósito, cabe destacar que em algumas nações maduras poderosas organizações sindicais controlam, em ampla medida, a oferta de mão de obra, e, em consequência, não apenas se prestam à veiculação de reivindicações salariais como podem, por mecanismos vários, impedir a depreciação do trabalho quando em excesso sobre as necessidades do aparelho produtivo.

Deixando de lado o exame das condições do mercado de trabalho, assinalemos tão somente que em nações subdesenvolvidas um mínimo de aderência à realidade exige distinguir entre questões relativas ao trabalho de técnicos, administradores etc., e, por outro lado, de homens desprovidos de qualquer grau de habilitação profissional. Feita esta advertência, podemos acrescentar que nas nações atrasadas constitui fenômeno corrente a elevada cotação atribuída às funções qualificadas e, simultaneamente, o predomínio de níveis salariais de estrita sobrevivência (bem como subemprego e desemprego) para homens sem preparo profissional e educacional. Essa observação será retomada mais adiante.

Ao final dessas considerações, já possuímos ideias básicas em torno da avaliação em mercado dos serviços de fatores. Sabemos, outrossim, que o quinhão de renda que corresponde a cada fator resulta, aritmeticamente, do volume de emprego pela respectiva taxa média de remuneração. Pois bem, tanto a quantidade empregada quanto os preços dos fatores são atualmente afetados pela política governamental. A influência do Estado neste campo se faz sentir, sobretudo, por sua política de emprego (por meio de obras públicas, programas de colonização e mesmo reforma agrária etc.) e por sua interferência na determinação das taxas de remuneração.

Com respeito ao último ponto, há algumas décadas atrás começaram a vigorar, em quase todos os países, legislações e medidas relativas a salários mínimos, controle de aluguéis, leis de usura etc. Os propósitos almejados pelo Estado ao influenciar, corrigir etc., em certa direção as taxas de remuneração, são múltiplos e, juntamente com os mecanismos de que lança mão para concretizar suas metas, pertencem ao domínio da política econômica.

Voltemo-nos agora para a realidade, procurando saber qual, de fato, tem sido a distribuição funcional das rendas em sistemas de características distintas.

Preliminarmente, convém, no entanto, assinalar que as estatísticas correntes não distribuem os rendimentos segundo as categorias "puras" (salário, juros, lucro etc.). O maior percalço a tal apresentação constitui-se na ocorrência de situações em que não se distinguem os rendimentos devidos ao capital e/ou à terra daqueles correspondentes ao trabalho. Tipicamente, o trabalho do pequeno proprietário e de sua família, tanto na agricultura quanto na indústria, no comércio etc., "rende" globalmente uma certa quantia, não sendo fácil discernir as frações que devem ser consignadas, respectivamente, ao esforço produtivo humano e à propriedade de ativos.[11] Também no caso dos empresários, administradores e mesmo entre profissionais liberais, verificam-se situações analogamente indefinidas.

Deve ainda ser previamente realçado que, ao focalizarmos a repartição funcional da renda que flui do aparelho produtivo (*vide* quadro adiante), deixamos de computar o lucro líquido retido nas unidades produtoras. Tal abordagem dificulta, pois, o estudo da tendência a longo prazo da distribuição global das rendas entre rendimentos devidos ao trabalho e à propriedade de ativos, dado que a

---

11. Já anteriormente foi apontado que há alguns séculos não se verificava a separação entre trabalhador (camponês ou artesão) e meios de produção; assim, em regra, não havia como isolar rendimentos atribuídos ao trabalho e ao capital. A ocorrência, na atualidade, de rendimentos ditos "mistos" reflete, pois, em boa medida, reminiscências de etapas tecnológicas ultrapassadas. (Aliás, o item remuneração mista tende claramente a perder peso na evolução recente da distribuição funcional dos diversos países.)

proporção dos lucros represados pelas empresas se tem mostrado variável no tempo (com tendência ascendente). Feitas tais advertências, apresentamos, a seguir, um conjunto de informações referentes à evolução da distribuição funcional nos Estados Unidos.

DISTRIBUIÇÃO FUNCIONAL DA RENDA (em %)
Estados Unidos, 1899-1957

Anos	Remuneração do trabalho	Remuneração mista de trabalho e capital*	Rendas de propriedade percebidas pelas famílias
1899-1908	59,2	25,0	15,8
1904-13	59,8	23,8	16,5
1914-23	59,2	22,5	18,3
1924-33	63,1	16,6	20,3
1929-38	64,9	15,9	19,2
1934-43	67,6	17,4	15,0
1939-48	69,6	18,7	11,7
1944-53	71,0	17,4	11,5
1948-57	72,6	15,2	12,2

Fonte: *Economic development and cultural change,* Simon Kusnetz, vol. V, nº 1, outubro, 1956 (quadro composto a partir de um conjunto de estimativas apresentadas por S. Kusnetz).
* A expressão "Remuneração mista de trabalho e capital", adotada pelas Contas Nacionais do Brasil, traduz, no caso, o título inglês *Income of unincorporated enterprises.*

O crescente peso relativo dos rendimentos correspondentes ao trabalho de assalariados e empregados se deve, ao que tudo indica, à progressiva compressão das rendas de natureza "mista". Convém, no entanto, assinalar que a interpretação de uma estatística deste gênero deve ser empreendida com grande cuidado. É fácil, por exemplo, concluir pela ocorrência de efetiva redistribuição num determinado sentido, em situações em que, tão somente, se verifique uma alteração no peso relativo de setores produtivos (por exemplo, decréscimo da agricultura, expansão do governo etc.) com distintas estruturas distributivas típicas.

Se nos indagarmos sobre as diferenças atuais entre nações apresentando distintos graus de desenvolvimento, obteremos informações como as que se seguem. Neste caso, foi realizada uma estimativa pela qual a renda mista se encontra distribuída entre proventos correspondentes ao trabalho e à propriedade de terra e capital.

	Participação do trabalho na renda urbana líquida ao custo dos fatores	Renda correspondente a ativos (complemento)
EUA 43.................	80,1	19,9
Reino Unido 52............	74,4	25,6
Austrália 54/55............	72,1	27,0
Japão 51	55,1	44,9
Chile 60	57,4	42,6
México 49................	51,2	48,8

Fonte: Colin Clark, *The conditions of economic progress,* MacMillan & Co., p. 618.

Assinalamos, anteriormente, o fato de que as empresas não distribuem, em regra, uma porção de seu lucro líquido. Pois bem, este montante represado nas empresas e mais aquela parcela dos rendimentos distribuídos, canalizada para investimentos, resultam na expansão dos ativos fixos de propriedade dos particulares. Naturalmente, as fontes maiores de poupança privada são os rendimentos de propriedade, sendo macroeconomicamente diminuta a parcela economizada dos rendimentos devidos ao trabalho. As novas unidades produtoras, prédios, as fazendas incorporadas ao universo agrícola ou simplesmente tornadas mais eficientes pelos investimentos passam a acrescer os rendimentos gerados em períodos subsequentes. Note-se que para a análise repartitiva tem importância a aquisição de ativos preexistentes, dado que afeta a distribuição da riqueza, atingindo, a seguir, a repartição da renda.

Distribuição pessoal

Somos conhecedores de que ao trabalho, como às unidades do fator capital e dos recursos naturais, são atribuídos rendimentos ao longo do processo produtivo. Tais rendimentos vão ter a indivíduos (também a família pode ser considerada a unidade receptora) cujo nível de renda se define, basicamente, a partir do salário ou ordenado que lhes toca, acrescido (ou não) dos lucros, juros e aluguéis correspondentes aos seus direitos de propriedade. Assim, vemos que a distribuição da renda ordenada por estratos reflete a hierarquia de remunerações correspondentes às diversas formas de trabalho e à estrutura de propriedade dos ativos. Este último determinante nos informa como a renda, outorgada aos fatores capital e recursos naturais, converge, em última análise, para certos indivíduos. Para efeito da análise aqui empreendida, vamos abstrair da influência que exercem as variações nas taxas de remuneração do capital e da terra sobre a concentração das rendas – a questão das cotações dos "serviços" do capital e da terra já foi anteriormente considerada, pelo papel fundamental que lhe cabe na repartição funcional das rendas. Em outras palavras, daqui por diante procurar-se-á realçar os fenômenos que mais diretamente têm a ver com a distribuição "pessoal" dos "ingressos": a concentração da propriedade de ativos e o valor de mercado das muitas modalidades de trabalho, passando a "dados" as taxas médias de remuneração dos fatores.[12]

Partindo da noção de que a propriedade de ativos e o trabalho constituem as fontes imediatas de renda, podemos dividir uma coletividade em classe A, compreendendo aqueles para os quais as rendas de propriedade constituem elevada proporção da soma de rendimentos que percebem; e classe B, na qual os rendimentos derivam do trabalho. Evidentemente, o afastamento entre os níveis médios de renda nos estratos A e B é tão mais acentuado quanto maior a concentração dos direitos sobre ativos. Este esquema simplista deve, no entanto, ser ultrapassado com a inclusão de um estrato intermediário M, cujos níveis de renda se destacam da base da pirâmide social, mas se mantêm a certa distância dos padrões característicos do estrato A.

Os componentes do escalão intermediário se distinguem da base, tanto pela maior remuneração atribuída ao seu trabalho quanto, em muitos casos, pela complementação de sua renda por proventos que lhes advenham de modestas propriedades. Neste último caso, referimo-nos não apenas a rendimentos de propriedade derivados de pequenas unidades produtoras[13] (no campo, no comércio etc.), como também, por exemplo, à renda que lhes deve ser "imputada", desde que residam em casa própria de apreciável valor de mercado.

---

12. Ao deixar de lado as questões relativas às taxas médias de remuneração, passam também a segundo plano os parâmetros "constelação de fatores" e tecnologia, que, como já foi assinalado, exercem papel crucial na determinação das cotações fatoriais.

13. Em países desenvolvidos, mais que a propriedade de pequenas unidades de produção, são, talvez, os direitos sobre diminutas frações do ativo de grandes companhias que respondem pela complementação dos proventos do trabalho nos estratos médios.

A distância verificada entre as classes A e M, e ainda a desigualdade de estruturas econômicas dentro do primeiro grupo, são reflexos imediatos da distribuição da propriedade. No grupo M, as gradações internas de nível de renda não têm a ver de forma decisiva com a propriedade de capitais e recursos naturais, sendo mais vinculadas ao grau de preparo, à responsabilidade inerente ao posto ocupado, ao tempo de serviço etc. Assim, vemos que a análise da repartição, ao atentar para a distância dos estratos superior e médio e ao pesquisar as diferenças internas do grupo A, deve gravitar em torno dos índices de concentração da propriedade. Ao passar, no entanto, ao exame das diferenças ocorridas no estrato M, deve-se reportar a outros fatores de diferenciação econômico-social.

Quanto aos integrantes do estrato de mais baixas rendas (B), são, caracteristicamente, destituídos de qualificação, propriedade[14] e quaisquer outros privilégios. A distinção entre os estratos M e B tem, talvez, maior sentido nos países subdesenvolvidos, onde são muito reduzidas as oportunidades de ensino e treinamento dos níveis médio e superior; as consequências disso, em termos de escassez de homens altamente qualificados e abundância relativa de mão de obra sem qualquer preparação, se traduzem em acentuada discrepância entre as taxas de remuneração referentes às diversas modalidades de trabalho.

A classe B, como é fácil inferir, difere, pois, da classe M, fundamentalmente, por ter pouco ou nulo acesso ao sistema educacional e a quaisquer outros mecanismos de promoção social: sua distância da classe A se explica por uma superposição de fatores, incluindo desde a concentração de propriedade até o fato de seus integrantes se apresentarem ao mercado de trabalho praticamente desprovidos de habilitação profissional. Quanto à diferenciação no seio da base da pirâmide social, ela resulta de fenômenos tais como natureza da tarefa exercida (treinamento exigido etc.); poderio relativo das organizações sindicais;[15] setor de atividades (primário, secundário etc.) e região (polo dinâmico, regiões decadentes etc.) em que se encontre o

---

14. Há de assinalar, no tocante às populações rurais do mundo subdesenvolvido, que uma fração do estrato de mais baixas rendas possui, em regra, insignificantes parcelas de terra (minifúndio).

15. Sobretudo em países subdesenvolvidos, como adiante se verá.

trabalhador ocupado. Vemos, assim, claramente, que a repartição da renda como tema é uma encruzilhada onde vão ter fenômenos sociais, culturais, a estrutura do aparelho produtivo etc.

O confronto do volume de rendas atribuído ao capital e à terra com o montante de rendimentos oriundos do trabalho fornece-nos um marco que grosseiramente nos informa sobre os limites de influência do fenômeno propriedade privada de ativos (e seu grau de concentração) sobre a repartição das rendas.[16] Ora, como já vimos, enquanto nas nações desenvolvidas os rendimentos que correspondem à propriedade de ativos não ultrapassam 30% da renda global, seu montante em nações subdesenvolvidas situa-se próximo a 50% do total de rendimentos. Conclui-se, assim, que a forma e o grau de concentração da propriedade privada nas nações subdesenvolvidas – afetando uma massa proporcionalmente maior de rendimentos – atinge mais pesadamente a repartição pessoal das rendas.

Chegados a este ponto, convém empreender uma sistematização referente aos estratos de renda, apontando os fatores que (globalmente) os diferenciam entre si e, ainda, os fenômenos explicativos das disparidades da estatura econômica entre seus próprios membros.

– O tope da sociedade destaca-se do resto pela grande proporção de capital e terras de sua propriedade. Mais precisamente, sua posição relativa é uma decorrência dos parâmetros (de natureza institucional), regime de propriedade fundiária, concentração de propriedade industrial etc. Entre si, seus membros também se ordenam segundo a propriedade de ativos, o que, *grosso modo*, se correlaciona com o montante de rendas percebido.

– Quanto à base cujos rendimentos proveem exclusivamente do trabalho, os fenômenos fundamentais na diferenciação da renda auferida por seus integrantes são a localização geográfica (basicamente

---

16. Esta aproximação é imperfeita, entre outras razões, porque os indivíduos do grupo A – que percebem a grande maioria dos rendimentos provenientes da posse de capitais e de terras – são também remunerados em correspondência às tarefas que exercem. E mais, porque os pagamentos que lhes são devidos por serviços prestados não são independentes dos títulos de propriedade de que dispõem, vantagens educacionais, oportunidades de acesso social etc.

a inserção ou exclusão num polo dinâmico, em países em vias de desenvolvimento), ou, genericamente, a participação em atividades modernas ou obsoletas e/ou marginais.[17]

– Há um complexo estrato intermediário, cujo nível de renda depende fundamentalmente do emprego ou colocação obtida, o que, em certa medida, reflete graus de adestramento profissional – além de relações de parentesco e outros mecanismos de promoção. Nesta área também atua a propriedade de pequenas doses de capital e recursos naturais como fator complementar na definição do nível de renda auferido.

Ficam, assim, evidenciados fatores primários de diferenciação econômico-social, dos quais resulta a definição dos estratos de renda e fatores secundários, que impõem gradações no seio de cada grupo. A atuação conjunta de todos os fatores explica a continuidade de posições do vértice à base da pirâmide social.

A questão anteriormente levantada, referente à heterogeneidade das atividades produtivas e suas implicações sobre a repartição das rendas, merece, como veremos a seguir, tratamento em maior profundidade. Mormente em países subdesenvolvidos, os estudos de repartição devem atentar para a conformação interna do aparelho produtivo, dado que os desequilíbrios aí existentes tendem a projetar-se nitidamente sobre a distribuição das rendas. A abordagem deste tema pode ser empreendida de dois ângulos, que revelam facetas distintas de uma mesma problemática.

As nações não desenvolvem seus setores e suas regiões em igual ritmo, muito pelo contrário, ramos de atividades, bem como áreas inteiras, podem permanecer estagnadas ou involuir, enquanto outros estão em evidente progresso. O resultado por acumulação desta arritmia processada por anos a fio é a ocorrência de desequilíbrios, por vezes graves, no seio do aparelho produtivo. Sem aprofundar o exame desta questão, acrescentemos que sua configuração varia em intensidade e natureza entre nações desenvolvidas e subdesenvolvidas. Entre as nações maduras, registram-se fenômenos tais como o

---

17. Em casos específicos, a participação em agremiações sindicais excepcionalmente poderosas constitui fator de marcante diferenciação do *status* econômico-social.

das "áreas deprimidas" e das atividades tornadas obsoletas. Entre os sistemas subdesenvolvidos, tal problemática se apresenta, por vezes, a tal ponto acentuada que leva à caracterização de uma dualidade, pela qual se distinguem uma região dinâmica, de elevada produtividade média e outras características de avanço econômico-social, enquanto as demais permanecem estagnadas, arcaicas, apenas tangenciadas pela evolução dos centros dinâmicos.

As implicações para a problemática distributiva da questão que devem ser enunciadas são as mais graves. Assim, aqueles que trabalham na agricultura de baixíssimos rendimentos, das áreas mais atrasadas, têm nítidas desvantagens em termos de remuneração, quando sua situação é confrontada com a daqueles que lograram inserir-se no complexo de atividades que compõem a região dinâmica. Mais especificamente, diríamos que as regiões mais pobres, assim como as mais avançadas, têm sua pirâmide social e seus grupos de renda inferiores e superiores. Mas é facilmente constatável que aqueles em piores condições nas áreas menos favorecidas apresentam padrões de vida marcadamente inferiores aos dos operários e demais empregados das indústrias e atividades integrados no polo dinâmico. Entre outras conclusões, o que vimos de assinalar sugere que a ocorrência de desequilíbrios acentuados amplia a distância entre os estados máximo e mínimo de renda na totalidade do sistema.

A disparidade das remunerações atribuídas aos trabalhadores de setor a setor, nos países subdesenvolvidos, é acentuada. No Chile, por exemplo, em 1959, um operário industrial recebia em média cinco vezes o percebido pelos trabalhadores rurais.[18] É, no entanto, fácil aperceber-se de que, com o intuito de ressaltar as desigualdades, o analista não deve comparar apenas setores e sim regiões, pois numa área decadente todas as atividades tendem a ser pouco produtivas; inversamente, os focos de progresso (mormente quando assentados sobre atividades industriais) são usualmente capazes de irradiar benefícios para todos os setores de certa região, redundando tal contágio numa elevação geral da produtividade por ramos de atividades.

---

18. *Yearbook of labour statistics*, Genebra, 1960.

DISPARIDADES REGIONAIS DE RENDA *PER CAPITA*
(renda *per capita* do país = 100)

Países	Ano	Região com mais elevada renda		Região com mais baixa renda	
Brasil............	1960	Guanabara	291	Piauí	29
Colômbia	1963	Dept. de Cundinamarca	185	Depto. de Chocó	17
EUA............	1960	Estado de Delaware	136	Estado de Mississipi	53
Itália	1961	Província de Milão	205	Província Portenza	40

Fonte: *El dessarollo económico de América Latina en la postguerra* (1963 – Nações Unidas).

O quadro acima sintetiza fenômenos de desequilíbrios regionais. Dele constam dados referentes não apenas a países subdesenvolvidos como, também, informações relativas a nações desenvolvidas que padecem notoriamente de disparidades de desenvolvimento intrarregional. Constata-se que, ainda selecionando economias desenvolvidas caracterizadas pelo fenômeno do desenvolvimento espacial desequilibrado, torna-se evidente, no confronto, a maior gravidade das disparidades regionais entre subdesenvolvidos.

Do que precede, vemos que como reflexo de toda uma gama de fatores e circunstâncias, irá se definir, em cada sistema, uma estrutura repartitiva por grupos sociais. Os dados que se seguem procuram resumir os traços gerais que definem a concentração das rendas nas duas famílias de nações em que podem ser subdivididas as chamadas economias de mercado.[19]

	PAÍSES DESENVOLVIDOS	
	% de indivíduos ou famílias	% da renda que lhes corresponde
Grupo de altas rendas	10	30
Grupo de médias rendas	30	30
Grupo de baixas rendas	60	40

---

19. Os estratos de renda aqui apresentados não necessariamente se ajustam, quanto às propriedades de fatores, às definições anteriormente estabelecidas.

PAÍSES SUBDESENVOLVIDOS		
% de indivíduos ou famílias	Limites máximo e mínimo na proporção das rendas que lhes toca	
Grupo de altas rendas	10	37,5 (Chile)
		45 (Venezuela)
Grupo de baixas rendas.	60	28 (Índia)*
		16 (Venezuela)

Fonte: *El desarollo económico de América Latina en la postguerra* (1963 – Nações Unidas).

* Nos países de mais baixa renda *per capita*, o nível de vida dos grupos menos favorecidos não pode distar muito da média nacional (já próxima do limite necessário à sobrevivência) e, consequentemente, a proporção da renda que lhes toca não pode ser muito comprimida.

Sem qualquer pretensão a fornecer uma explicação das mais acentuadas disparidades repartitivas em nações subdesenvolvidas, passamos, a seguir, a arrolar fatores (muitos dos quais já mencionados) que contribuem para acentuar a concentração das rendas nas economias atrasadas. De início, convém mencionar duas ordens de considerações que têm em comum uma perspectiva eminentemente estruturalista.

– Nos países desenvolvidos, há um relativo equilíbrio entre as necessidades e a disponibilidade genérica de mão de obra. Entre os subdesenvolvidos, no entanto, há toda a sorte de desajustes: sobram flagrantemente homens não qualificados ou cuja habilitação se torna obsoleta numa sociedade moderna; escasseiam, no entanto, homens que de maneiras distintas se mostrem capazes de operar as unidades produtivas complexas e tecnificadas, características da época atual (funções de orientação, controle, reparação etc.).

– Como já foi assinalado, os subdesenvolvidos caracterizam-se pela coexistência de setores e regiões apresentando resultados médios satisfatórios, com áreas e atividades caracterizadas pela extrema pobreza e ineficiência (páginas atrás foi assinalado que tal fenômeno amplifica a distância econômico-social entre os estratos mais e menos favorecidos).

– Os rendimentos que correspondem à propriedade têm um maior peso relativo e mais, os próprios direitos sobre ativos se acham mais concentrados – mormente no que se refere às terras, sendo de notar que, justamente nessas nações, as atividades primárias são mais importantes.

– No nível dos fenômenos de natureza mais propriamente dita social, cabe adicionar que as oportunidades educacionais e os serviços de saúde se encontram amplamente difundidos nos países avançados e concentrados nas nações subdesenvolvidas. Tal observação poderia mesmo estender-se ao campo político, onde são de fácil constatação as mais amplas possibilidades de veiculação de aspirações por parte dos grupos menos favorecidos, em se tratando de nações desenvolvidas.

– Enfim, e em estreita relação com o último fenômeno, nos sistemas maduros se faz sentir com muito mais peso a atuação corretiva do Estado, preocupado em redistribuir renda ou, diretamente, bens e serviços do vértice para a base e estratos médios da pirâmide social. Tal observação nos dá ensejo a mencionar dois instrumentos de ação pelos quais pode o setor público afetar a repartição pessoal das rendas: a tributação direta e as transferências. Os impostos diretos, na medida em que recaiam preferencialmente sobre rendimentos atribuídos à propriedade, estarão combatendo a concentração de rendas nas mãos daqueles dotados de maiores doses de recursos produtivos (tanto mais quanto mais progressiva a incidência de gravames). Quanto às transferências, desde que atinjam predominantemente setores desfavorecidos da população, estarão agindo no sentido de remediar as condições de vida da base da pirâmide social. Como já foi assinalado no capítulo dedicado à caracterização do setor público, é nos países maduros que assumem papel dominante as formas diretas de tributação. Nessas nações também apresentam maior peso as chamadas transferências de cunho social.[20]

Abstraindo-se a atividade redistributiva estável, a repartição pessoal das rendas, em maior detalhe, assim se apresenta na América Latina, numa estimativa conjetural.

---

20. Como já foi assinalado, o governo atinge a distribuição das rendas em vários "momentos" e de diversas formas. Fixamo-nos acima, momentaneamente, na etapa da conversão de rendimentos devidos a fatores em rendas efetivamente atribuídas a famílias e pessoas. *Vide* gráfico.

DISTRIBUIÇÃO CONJETURAL DE RENDA NAS NAÇÕES
LATINO-AMERICANAS*

Categorias	Proporção da população representada	Proporção recebida da renda pessoal	Média anual do ingresso pessoal *per capita*	Dólares
	%	%	Relação com a média geral em %	
	(1)	(2)	(3)	(4)
I	50	16	30,0	120
II	45	51	110,0	400
III	3	14	470,0	1.750
IV	2	19	950,0	3.500
Total	100	100	100,0	370

Fonte: *El desarollo económico de América Latina en la postguerra, ibidem*, vol. I (décimo período de sessões, Mar del Plata, maio, 1963).
* As percentagens e cifras absolutas deste quadro foram arredondadas.

Um dos mais polêmicos temas relacionados à repartição das rendas consiste nas tendências de longo prazo das desigualdades por estratos de renda. Sem ingressar neste campo, digamos, tão somente, que as escassas evidências históricas parecem indicar que, no que se refere aos países hoje desenvolvidos, verificou-se no tempo, primeiramente, uma fase de acentuação das desigualdades (de 1780 a 1850 na Inglaterra, de 1840 a 1890 na Alemanha): a seguir, um período de tendências indeterminadas e, a partir da Primeira Grande Guerra, um movimento de redução na distância entre os estratos de renda.[21] A explicação de tais movimentos exige a consideração de uma série de fenômenos históricos, como urbanização, emigração e, destacadamente, um estudo das implicações dos novos instrumentos de políti-

---

21. Estimativas e conjeturas apresentadas no citado trabalho de S. Kusnetz. Segundo vários autores, nos EUA a renda tendeu a concentrar-se a partir de fins do século XIX, acentuando-se o movimento na década 1920-29. Daí por diante, o movimento sofreu uma reversão que se estendeu, pelo menos, durante os anos da grande depressão e da Segunda Guerra Mundial.

ca econômica, do poder dos sindicatos, uma análise dos impactos e problemas criados pela evolução tecnológica nas diversas fases históricas, constituindo, por conseguinte, problema de extraordinária complexidade.

A repartição do produto real

A renda em que efetivamente se fundamenta o poder de compra das famílias – dita "disponível" – difere da massa de rendimentos que flui do aparelho produtivo pelos conceitos já apresentados de tributação direta (sobre pessoas físicas) e de transferências. Uma vez desobrigados dos tributos diretos, os indivíduos e as famílias dispõem de uma soma de rendimentos que, levada a mercado, lhes permite apropriar-se de certo volume de bens e serviços – operando os preços como coeficientes de conversão de correntes nominais em "reais" (de bens e serviços). É, pois, por meio do sistema de preços que se passa da repartição pessoal das rendas à partilha final do produto por grupos sociais.

O sistema de preços, como fenômeno de mediação entre a repartição "nominal" e a "real", não tem funções meramente passivas. Com efeito, as alterações verificadas nos preços relativos afetam, claramente, a distribuição final de bens e serviços por estratos de renda. Assim, o barateamento de alimentos favorece predominantemente os estratos inferiores, que despendem boa parte de seus recursos com alimentação. Tal observação nos permite, uma vez mais, realçar as possibilidades abertas ao Poder Público na esfera distributiva. Assim, por exemplo, uma política de pesada tributação sobre o preço de venda dos artigos de luxo e de subsídio à produção de certos bens de consumo popular altera o sistema de preços, provocando o aumento de poder de compra efetivo da classe de baixas rendas.

Nem toda a renda disponível é de fato levada ao mercado de bens e serviços de consumo. Há de subtrair a parcela poupada, que, via subscrição de ações, aquisição de imóveis etc., irá constituir-se em fontes de rendimentos – dividendos etc. – em períodos posteriores. A poupança, assim considerada, acusa a existência de um mecanismo cumulativo no cerne mesmo da problemática repartitiva: a propriedade de ativos gera rendimentos que, sendo parcialmente poupados, permitem a aquisição de novos ativos que, por sua vez, passam a acrescer o fluxo de rendimentos.[22] Naturalmente, quando a poupança e sua aplicação têm um sentido real para a economia como um todo (traduzindo-se em efetiva ampliação do estoque de ativos e não em meras transferências da propriedade de ativos preexistentes), a par do aumento das rendas vinculadas à propriedade, ocorre um incremento na massa de salários e ordenados correspondentes aos empregos criados. Quando, porém, se verifica tão somente a aquisição de propriedades preexistentes, funciona um puro mecanismo cumulativo concentrador de rendas. Do que precede, concluímos que a consideração do montante poupado e de suas implicações constitui o primeiro passo no sentido de uma análise temporal de repartição da renda por indivíduos e grupos.

A desigualdade das rendas atribuídas aos diferentes estratos sociais se projeta em termos quantitativos e qualitativos sobre a partilha do produto. Com efeito, se observarmos o consumo de grupos sociais de crescente poder econômico, vemos processar-se um fenômeno de ampliação do consumo de certos artigos, retração relativa das compras de outros e, genericamente, diversificação do feixe de bens e serviços adquiridos. A diferenciação qualitativa do consumo, à medida que cresce a renda, permite-nos estabelecer uma correlação entre o consumo de determinados produtos e o dispêndio de certos grupos sociais. Assim, notoriamente, enquanto a aquisição do feijão e da mandioca responde no Brasil às necessidades do operário e do homem do campo, os gastos em serviços de alto luxo, artigos de toucador, viagens internacionais etc. revelam o poder econômico dos grupos abastados. Essa constatação meridiana, que até bem pouco tempo quase não era tida em consideração na esfera da análise econômica, adquiriu alta relevância desde quando a temática do desenvolvimento passou a centralizar as atenções dos estudos econômicos.

---

22. Teoricamente, qualquer tipo de rendimentos pode, naturalmente, ser poupado; vários estudos empíricos demonstram, porém, que, presentemente, a poupança das famílias se encontra, em regra, extraordinariamente concentrada e assim só as unidades de elevada e elevadíssima renda – perceptoras de grande proporção das rendas de propriedade – logram economizar. Nos EUA, por exemplo, os 5% de indivíduos de mais altas rendas proviam dois terços da poupança pessoal, e os 10% mais ricos respondiam pela quase totalidade das economias familiares (S.K., *Economic growth and income inequality*).

Com o propósito de acentuar a correlação entre a repartição das rendas e a composição de bens e serviços absorvidos pelas famílias, poderíamos adotar a seguinte classificação:

– serviços e objetos de luxo, alimentos e bebidas requintadas;

– bens e serviços característicos de um padrão médio de bem-estar;

– gêneros alimentícios básicos, artigos de uso pessoal pouco dispendiosos, diversões e transportes populares (cinema, ônibus etc.).

Naturalmente, o poder econômico dos estratos de altas rendas é substancialmente aplicado nos dois primeiros itens, sendo evidentes as demais relações entre renda e classes de bens e serviços. Esta precária sistematização se presta claramente à explicitação de um fenômeno de grande relevância: a adequação da oferta global de bens e serviços à estrutura da demanda, vista pelo prisma distributivo. Ou seja, o ajustamento do aparelho produtivo às implicações de uma certa conformação repartitiva. Infere-se daqui, que a entrada em cena de quaisquer dos fatores capazes de alterar a estrutura repartitiva deve ser acompanhada de acomodações por parte do aparelho produtivo.[23]

Ao comentar as projeções de conformação distributiva sobre a fisionomia do aparelho produtivo, atingimos o que poderia ser apontado como o anverso "real" da problemática repartitiva. A relevância do tema para as preocupações com o desenvolvimento pode ser acentuada mediante a seguinte ordem de considerações. Numa nação pobre, uma distribuição extremamente desigual implica que no consumo global da coletividade predominem artigos de primeira necessidade, destinados a suprir as necessidades de alimentação, vestuário e alojamento dos estratos de baixa renda; artigos de alto luxo – que, por sua diversidade e requinte, são basicamente importados – e serviços pessoais característicos do estilo de vida das classes abastadas. Mais precisamente, a distribuição altamente concentrada da renda

---

23. Na imagem professada do regime concorrencial, o aparelho produtivo se ajustava às alterações de demanda decorrentes do "gosto", de preferências etc., havendo sempre forte cunho individual-subjetivo na análise e nas ilustrações. Tal sensibilidade por parte do aparelho produtivo, se realmente existiu, perdeu qualquer sentido na era dos oligopólios, trustes, da propaganda etc. A adaptação a que acima nos referimos não se manifesta no plano em que se situa a análise clássica marginalista; trata-se, na realidade, de fenômenos de ajustamento da estrutura do aparelho produtivo à transformação na estrutura da propriedade (exemplo: reforma agrária), no sistema fiscal, na legislação trabalhista (exemplo: extensão do salário mínimo no campo etc.).

impede aos estratos menos favorecidos o consumo em quantidades apreciáveis de manufaturas; no polo oposto, permite às classes de altas rendas pulverizar seu poder econômico numa gama imensa de artigos e serviços de luxo. Em ambos os casos, atua contra a formação em larga escala de mercado para manufaturas – em consequência, dificulta a implantação de indústrias que exijam amplos mercados para atingir um grau satisfatório de eficiência.[24]

Convém acentuar que a relação do aparelho produtivo com a estrutura repartitiva não é de pura passividade e dependência: cabe relembrar que a partição do fluxo de rendimentos entre os itens proventos do trabalho e rendas da propriedade tende a se alterar sempre e quando se modifique a configuração interna do aparelho produtivo (por exemplo, pela ocorrência de um movimento de substituição de homens por máquinas). Uma compressão da fatia de renda devida ao trabalho altera a distribuição da renda por estratos, repercutindo, pois, sobre a apropriação final do produto... Tais considerações nos levam ao limiar de recentes debates sobre a teoria do desenvolvimento econômico.

AMÉRICA LATINA: ESTIMATIVA DO NÍVEL E COMPOSIÇÃO DO CONSUMO PRIVADO POR ESTRATOS DE RENDA, 1960
(Milhões de dólares)

Percentagem que compreende cada estrato:	Estratos segundo níveis de renda		
	Inferior	Médio	Alto
Da população total	50	45	5
Da renda	16	51	33
Composição do consumo:			
Consumo total	13.000	35.000	20.000
Alimentos (inclusive elaborados)	9.000	17.000	2.800
Manufaturas	1.700	8.600	8.200
Não duráveis*	1.700	7.600	5.350
Duráveis	——	1.000	2.850
Serviços**	1.600	9.400	9.000

Fonte: *El proceso de industrialización en América Latina*, Cepal, 1965.
* Vestuário, calçados, bebidas, fumo, produtos químicos e farmacêuticos, papel etc.
** Habitação, serviços domésticos, transportes etc.

---

24. A insuficiência do poder aquisitivo das massas só tende, no entanto, a frear o movimento industrializante a partir de um certo ponto, que varia de país a país, na ordem inversa da dimensão absoluta de seu mercado interno.

Finalizando, cabe mais uma vez ressaltar as oportunidades que se abrem ao Estado como agente de correção e reorientação na partilha do produto. Foi anteriormente assinalado que é dado ao Poder Público impor alterações no sistema de preços relativos – via tributação indireta e subsídios – com o intuito de comprimir o efetivo poder de compra de certos grupamentos e dilatar a capacidade aquisitiva de outras camadas sociais. Um outro campo de aplicação de sua faculdade redistributiva reside na prestação gratuita de serviços à coletividade. Não nos referimos aos serviços clássicos do governo, pois estes, supostamente, são absorvidos pela comunidade como um todo, mas à manutenção de serviços de saúde, educação e outros mais, pelos quais procura o Estado garantir às camadas menos favorecidas oportunidades de acesso social, condições de saúde etc... No capítulo referente ao setor público foi assinalado que o volume dos serviços deste gênero, prestado à comunidade, é diminuto nos países subdesenvolvidos e considerável em algumas nações maduras.

Ao longo desta unidade, repetidas vezes se fez menção à potencialidade do Estado como entidade capaz de alterar o montante de bens e serviços destinados aos vários grupamentos sociais. Sem ingressar no estudo de tão relevante aspecto da política econômica contemporânea, apresentamos, a seguir, sumária sistematização das oportunidades com que se depara a ação redistributiva estatal. A sequência em que é apresentada se inspira na ordenação deste capítulo.

– O Estado é capaz de afetar a estrutura de propriedade, quer mediante processos contínuos, correntes, como, por exemplo, a tributação sobre heranças, quer por meio de medidas como a desapropriação e a redistribuição de terras.

– Constitui prerrogativa, de que por vezes se vale o Estado, o controle ou, tão somente, a interferência na determinação das taxas de remuneração dos fatores; exemplos típicos são a decretação de um nível mínimo salarial e o estabelecimento de um teto máximo para as taxas de juro.

Cabe ao setor público arrecadar frações dos rendimentos gerados pelo aparelho produtivo e, bem assim, executar pagamentos (transferências) em favor de certas categorias sociais – aposentados, inválidos, desempregados etc. Naturalmente, o impacto dessas formas de atuação "direta" sobre os rendimentos na distribuição das rendas depende não só da carga tributária, mas também da forma de arrecadação (escala de progressividade, regime de isenções etc.) e do destino das transferências em termos de camadas sociais.

– Ao tributar, diferencialmente, os preços de venda dos diversos produtos, o Estado favorece ou desfavorece, necessariamente, seus compradores típicos, donde, como já foi apontado, resulta uma alteração do poder econômico de indivíduos e grupos. Assim também ocorre quando fornece subsídios a determinados setores produtivos privados ou quando estabelece preços de venda inferiores aos custos de produção na sua própria esfera produtiva.

– Finalmente, o Poder Público atua em sentido redistributivo quando constitui setores produtivos que, ao invés de orientar-se pelo poder aquisitivo de eventuais compradores, busca diretamente atender às necessidades e aspirações de determinados estratos sociais. Este gênero de atividades redistributivas, operando no nível "real", compreende escolas e hospitais públicos etc.

A REPARTIÇÃO DO PRODUTO NO SISTEMA ECONÔMICO

ESQUEMA GRÁFICO VI

O esquema gráfico tem início à esquerda, onde são indicados os estoques de fatores e sua apropriação pelos estratos de altas (A), médias (M) e baixas (B) rendas. O aparelho produtivo absorve tais fatores, aos quais remunera às taxas: j (juro); r (renda ou aluguel médio da terra); Sq e Snq (correspondentes, respectivamente, aos salários médios dos trabalhos qualificado e não qualificado).

O aparelho produtivo em funcionamento gera um fluxo de renda (Y) e, paralelamente, uma corrente de bens e serviços (P). A renda, composta das remunerações atribuídas aos fatores produtivos, pode ser, *grosso modo*, repartida em rendimentos da propriedade e rendimentos do trabalho. As proporções relativas em que essas categorias se apresentam constitui o primeiro enfoque da problemática repartitiva, propiciando uma visão da distribuição funcional da renda.

Os rendimentos consignados à propriedade convergem para as famílias ordenadas segundo os estratos: de altas rendas (A), de médias rendas (M) e de baixas rendas (B). É a distribuição da propriedade dos fatores capital e recursos naturais, por níveis de renda, que determina a distribuição dos rendimentos de propriedade entre os estratos A, B e C. Por outro lado, a proporção de pessoas que integra cada estrato de renda e os respectivos graus de qualificação determinam a distribuição entre as famílias dos rendimentos globalmente assinalados ao trabalho.

Uma vez as famílias de posse da totalidade dos rendimentos, podemos distinguir os referidos grupos de alta, média e baixas rendas, estando retratada a distribuição pessoal da renda.

As famílias de posse dos rendimentos irão aplicá-los na aquisição dos bens e serviços de consumo. O poder de compra das famílias é, no entanto, filtrado pelo sistema de preços para, só então, converter-se em apropriação real de artigos de consumo. A representação da forma pela qual os estratos de renda absorvem o fluxo real (classificado em Al, alimentos; M, manufaturas, dentre as quais D e ND representam, respectivamente, os bens duráveis e não duráveis e S, serviços) fornece-nos, pois, a imagem da apropriação final do produto.

A aquisição pelas famílias dos bens e serviços levados a mercado final acarreta o retorno da renda ao aparelho produtivo.

A REPARTIÇÃO NO SISTEMA ECONÔMICO – GRÁFICO VI

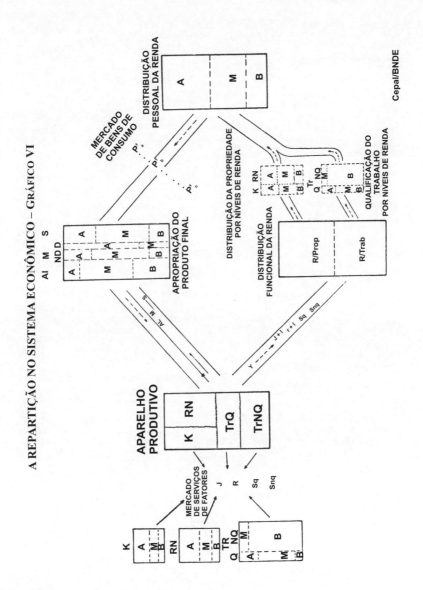

Cepal/BNDE

www.forenseuniversitaria.com.br
bilacpinto@grupogen.com.br

Pré-impressão, impressão e acabamento

grafica@editorasantuario.com.br
www.editorasantuario.com.br

Aparecida-SP